W0041500

DON BOSCO
VERLAG

Silvia Klimke / Monika Meyer

Mit Kasperl durchs Jahr

18 neue Stücke für Kinder
von 3 bis 8

Don Bosco

Bibliografische Information der Deutschen Bibliothek

Die Deutsche Bibliothek verzeichnet diese Publikation in der
Deutschen Nationalbibliografie; detaillierte bibliografische
Daten sind im Internet über http://dnb.ddb.de abrufbar.

ISBN-13 978-3-7698-1273-2
ISBN-10 3-7698-1273-5
3. Auflage 2006
© 2001 Don Bosco Verlag, München
Lektorat: Verlagsservice Anne Voorhoeve, Selters
Zeichnungen: Ines Rarisch
Umschlag: Margret Russer
Satz und Litho: Schröder Media, Dernbach
Produktion: Don Bosco Grafischer Betrieb, Ensdorf

Gedruckt auf umweltfreundlichem Papier.

Inhalt

Einführung

Alle Kinder lieben Kasperl. Er ist ein echter Freund, der niemals enttäuscht. Das heißt nicht, dass er keine Fehler hat oder macht. Auch Kasperl ist nicht vollkommen. Aber gerade das lieben die Kinder so an ihm. Er ist mutig, auch wenn er einmal Angst hat; er überwindet seine Angst und besiegt das Böse. Er ist der Held, der allen Gefahren ins Auge sieht. Die Kinder identifizieren sich mit ihm, entwickeln Vertrauen zu ihm. Dieses Vertrauen können sich Eltern und Erzieher/innen zunutze machen. Bemerkt man etwa, dass ein Kind sich nichts zutraut, kann man getrost den Kasperl zu Hilfe rufen. Auch wenn die Kinder etwas bedrückt und sie mit niemandem darüber reden wollen, kann er eine Hilfe sein. Kasperl kann sich besser in die Kinder einfühlen, denn er ist ja aus der Sicht der Kinder selber eins. Nie sehen sie den Erwachsenen, der hinter der Puppe steht. So geben sie Kasperl bereitwillig Antwort und nehmen seinen Rat und seinen Trost gerne an. Er gehört in ihre Welt.

Das Kasperlspiel ist nicht nur eine Theateraufführung. Manchmal besucht uns Kasperl einfach so im Stuhlkreis, ohne Bühne, ohne Theater. Er redet mit den Kindern, fragt nach Sorgen oder Erlebnissen. Obwohl die Kinder sehen, dass Sie die Kasperlfigur spielen, versinken sie in der Phantasiewelt, zu der nur Kinder Zutritt haben. Sie reden wirklich mit Kasperl! Sie geben ihm Antwort, vertrauen ihm ihre Sorgen an. Niemals aber darf dieses Vertrauen missbraucht und gegen die Kinder eingesetzt werden.

Tri, tra, trallala: Wie fange ich an?

Fast alle Stücke fangen mit dem traditionellen Kasperllied an: »Tri, tra, trallala, tri, tra, trallala, tri, tra, trallala, der Kasperl ist heut wieder da.« Die Kinder erkennen sofort, dass der Kasperl kommt. Auch wenn er einfach nur im Stuhlkreis oder bei einer Geburtstagsfeier erscheint, wissen die Kinder anhand des Liedes sofort Bescheid.

Aber natürlich kann der Kasperl auch einmal eine andere Begrüßung wählen oder das Liedchen nur kurz anstimmen. Er kann

- die Kinder begrüßen und sie auf die Situation ansprechen, zu der er erscheint (etwa an Fasching: »Warum seht ihr heute so lustig aus?«)
- ein Lied anstimmen, welches zum Thema passt, z. B. »Das Wandern ist des Kasperls Lust ...« bei einem Wandertag

- mit den Kindern ein Lied singen oder nach einem neuen Fingerspiel, Gedicht oder Lied fragen
- das Stück vorstellen oder den Kindern erzählen, was ihm bzw. einer anderen Figur passiert ist
- ein Rätsel stellen zu Personen oder Anlass des Stückes, z. B.: »Wer hat eine Zipfelmütze, eine lange rote Nase, singt immer Tri, tra, trallala, und es ist nicht der Osterhase?«, oder: »Wer kommt durch den Schnee dahergestapft, trägt einen Sack gar schwer, hat einen langen, weißen Bart – nun sagt mir, Kinder, wer?«
- den Vorhang aufziehen und dabei laut: »Hau ruck, hau ruck!« rufen.

Um Spannung zu erzeugen, kann ein Instrument, z. B. das Glockenspiel, gespielt werden. Die Kinder werden so schneller still. Ab und zu kann auch mal eine andere Puppe vertretungsweise die Begrüßung übernehmen, da Kasperl noch nicht fertig ist oder man ihn überraschen möchte.

Der Kasperl und seine Freunde: Die Figuren

- **Der Kasperl** ist die Hauptfigur eines jeden Kasperltheaters. Die Kinder identifizieren sich mit ihm. Er ist mutig, jedoch kein Angeber. Auch ein mutiger Kasperl darf mal ängstlich sein und diese Angst auch zeigen. Doch mit Hilfe der Kinder siegt er und mit ihm das Gute.
  Kasperl ist nett und gescheit, aber kein Wichtigtuer. Er hat tolle Ideen, die meist schon die Lösung beinhalten. Aber er fragt oft die Kinder um Rat und nimmt ihre Vorschläge ernst. Wenn sie vor ihm den richtigen Einfall haben, ist er umso dankbarer dafür.
  Kasperl ist immer gut gelaunt und will seiner Großmutter Freude bereiten. Außerdem hilft er allen, die seine Hilfe brauchen. Auch Kasperl kann schon einmal lügen oder andere ärgern – nur tut es ihm am Schluss immer sehr Leid.
- **Der Seppel** ist Kasperls bester Freund. Außerdem ist er das Gegenteil vom Kasperl, und so bilden die beiden ein perfektes Paar. Der Seppel ist meistens müde, denn er schläft für sein Leben gern. Mit seinen vielen Nickerchen, bringt er Kasperl oft an den Rand der Verzweiflung. Oft passiert es, dass er plötzlich einschläft, dabei schnarcht er laut und übertrieben. Seine zweite Leidenschaft ist das Essen, dafür überwindet er sogar seine grenzenlose Angst. Für ein Paar Bratwürste legt er sich mit dem Räuber an, auch wenn er vorher viel Angst hatte. Seppel würde für Kasperl alles tun, es bedarf nur größerer Überredungskunst.
  Er verspricht sich oft und kann sich vor allem Namen schlecht merken. Wenn er

sich schämt oder ängstlich ist, stottert er. Seppel ist ein sympathischer Feigling, der den Kindern viel Freude bereitet. Er lockert durch seine Art das ganze Spiel auf.

- **Die Gretel** ist die Freundin der beiden. Sie lebt auch im Haus der Großmutter, ist gutmütig und immer nett. Wie die meisten Mädchen weint sie, wenn irgendetwas Schlimmes passiert, aber bei jeder Gefahr steht sie ihren Mann. Sie hilft der Großmutter zwar viel im Haus, aber nicht alle Hausarbeit ist Mädchenarbeit. Für ihre beiden Freunde kocht sie Pudding, vor allem weil der Seppel ihn so gerne isst. Gerne begleitet sie ihre Freunde und erlebt so manches Abenteuer mit ihnen. Gretel singt gerne und fordert die Kinder zum Mitsingen auf. Sie hat immer gute Laune, außer wenn sie sich ungerecht behandelt fühlt. Ab und zu kann sie auch mal einen Streich spielen, der vor allem auf Seppels Kosten geht.

- **Die Großmutter** ist eine richtige Bilderbuchoma. Gerne verwöhnt sie die Kinder mit ihren Koch- oder Backkünsten. Sie tritt stets nett und freundlich auf, spricht leise und kann den Kindern nicht böse sein. Sie nutzen Großmutters Gutmütigkeit nicht aus, dafür hängen sie zu sehr an ihr. Eigentlich ist sie nur Kasperls Großmutter, aber auch Gretel und Seppel nennen sie so und wohnen bei ihr. Vielleicht wurden sie vor langer Zeit von ihr adoptiert.

- **Die Prinzessin** ist wunderschön, aber kein bisschen eitel. Sie ist sanft, höflich und immer freundlich – das gebietet schon ihre einmalige, königliche Erziehung. Sie liebt es, ihre drei Freunde einzuladen oder sie zu besuchen. Nie würde ein böses Wort über ihre Lippen kommen, dafür kullern öfters mal Tränen aus ihren himmelblauen Augen. Manchmal langweilt sie das Leben im Schloss mit all den Pflichten einer Prinzessin. Gut, dass es ihre drei Freunde gibt, denn so erlebt sie manches Abenteuer.

- **Die Hofdame** ist für die Etikette am Hof mitverantwortlich und waltet mit Strenge und Entschiedenheit ihres Amtes. Sie wacht darüber, dass die Prinzessin ihren Terminkalender einhält und ihren Schönheitsschlaf nicht verpasst und hat wenig Verständnis dafür, dass die Prinzessin sich manchmal nach Freiheit und Abenteuer sehnt.

- **Der Räuber** ist ein schlimmer Halunke, der klaut, was das Zeug hält. Er schnarcht so laut wie Seppel und isst fast genauso gerne wie er. Deswegen geraten sich die beiden manchmal in die Haare. Der Räuber hat eine tiefe Stimme und lacht hämisch, wenn er mal wieder etwas gestohlen hat. Einerseits genießt er die Angst, die er verbreitet, andererseits möchte er gerne dazugehören. Richtig böse ist er nicht, und manchmal darf er zum Schluss sogar mitfeiern.

- **Die Hexe** stellt man sich normalerweise hinterlistig und gemein vor. In den vorliegenden Stücken gibt es zweierlei Hexen: Eine treibt gerne Schabernack und ist im Grunde ganz nett. Die Zweite ist meistens schlecht gelaunt, mag keine Kinder und verhext ständig irgendetwas oder irgendjemand. Aber auch die bösartigste Hexe hat einen schwachen Punkt, und den findet der Kasperl mit Sicherheit.
- **Der Zauberer** hat nur eines im Sinn: jemanden zu ärgern oder gar Schaden anzurichten. Ihn kann man böse und arglistig darstellen. Es gibt aber auch einen gutmütigen Trottel, der zwar gerne zaubert, aber niemandem damit schaden will.
- **Der Wachtmeister** hat die große Aufgabe, den Räuber hinter Schloss und Riegel zu bringen. Er ist sehr froh, in Kasperl und Seppel Helfer gefunden zu haben, denn es ist immer genug zu tun. Er ist immer in Eile, denn es könnte im Dorf ja etwas passieren. Lustig ist es, wenn man ihm einen Sprachfehler einbaut. Dann wirkt er nicht so seriös.
- **Der Nikolaus** kann leicht aus der Großmutter- oder Seppelpuppe oder aus einer anderen Puppe gebastelt werden, die man in dem betreffenden Stück nicht braucht. Der gutmütige und bedächtig sprechende Nikolaus hat nur ein Ziel: die Geschenke aus seinem schweren Nikolaussack zu den Kindern zu bringen und sich von Hexen, Zauberern und Räubern nicht daran hindern zu lassen.
- **Weitere mögliche Figuren** sind König, Osterhase, Krokodil, Rabe und sonstige Tiere.

Wir haben uns im Kindergarten die Hohensteiner Kasperlpuppen angeschafft. Sie sind zwar sehr teuer, aber wunderschön. Kasperl hat Schlenkerbeine, die er über die Bühne hängen kann. Jede Puppe hat ein typisches Kleid, der Bart des Räubers ist kuschelig weich. Außerdem sind sie recht groß, dadurch gut zu handhaben und auch von weitem gut zu erkennen.

Aber auch einfachere Puppen, die es überall zu kaufen gibt, tun ihren Dienst.

Wer möchte, kann sich Kasperlfiguren auch selbst basteln. Pusten Sie einen Luftballon entsprechend der Kopfgröße auf und bekleben Sie ihn abwechselnd mit Kleister und Zeitungspapier. Aus Pappmaché formen Sie Nase, Augenbrauen usw. und lassen alles gut trocknen. Dann können Sie die Figur bunt anmalen und Bart und Haare z. B. aus Wolle ankleben. Zum Schluss werden die Kleider genäht und am Kopf befestigt. Achten Sie aber darauf, dass im Kopf eine Öffnung für die Finger bleibt!

Ich bin der Räuber, hohoho:
Wie spricht man mit den Puppen?

So wie jede Figur ihren eigenen Charakter hat, so hat sie auch ihre eigene Stimme. Der Räuber spricht tief und bedrohlich, die Hexe krächzt und kichert. Gretels Stimme hat einen sanften Klang und die Prinzessin spricht sehr hoch. Zauberer und König haben eine etwas tiefere Stimme. Beim Kasperl brauchen Sie die Stimme nicht zu verstellen, dadurch wirkt er natürlicher. Auch Seppel spricht normal, er wirkt eher durch seine Aussagen. Wer begabt ist, kann der Seppelstimme einen leicht dümmlichen Klang geben. Auch können beide mit dem heimischen Dialekt gesprochen werden – vor allem bei Seppel klingt dies gut. Wenn möglich, sollten diese beiden Figuren von zwei verschiedenen Personen gespielt werden.

Grundsätzlich ist es ideal, wenn zwei Personen spielen. Eine übernimmt die Kasperl-, eine die Seppelstimme und zusätzlich jene Figuren, für die man die Stimme verstellen muss. Es ist leichter, zwischendurch immer wieder in seiner eigenen Stimme zu sprechen und nicht ständig hoch und tief, oder tief und krächzend. Sie sollten auch darauf achten, dass nicht eine Person zwei schwierige Stimmen sprechen muss, die sich vielleicht auch noch miteinander unterhalten (z. B. die Hexe und der Räuber). Das wird auf die Dauer zu anstrengend.

Wenn Sie alleine ein Stück aufführen, ist es natürlich schwieriger, alle Stimmen zu sprechen. Holen Sie immer erst Luft, bevor Sie mit einer anderen Puppe sprechen, und machen Sie öfters mal eine Pause. So kann man die Stimme immer wieder verstellen, ohne dass die Kinder etwas bemerken.

Wichtig ist es, deutlich und langsam zu sprechen, keine Worte zu verschlucken und vor allem laut zu reden. Wer aufgeregt ist, neigt dazu, viel zu schnell zu sprechen. Achten Sie darauf, dass Sie nicht nach unten reden, z. B. beim Ablesen des Textes, sondern zu den Kindern hin.

Text lesen und spielen:
Wie geht denn das?

Bei einer Aufführung ist freies und flüssiges Reden wichtig. Es wirkt störend, wenn man ständig nach der richtigen Textstelle suchen muss. Ob Sie sich genau an den vorgegebenen Text halten oder ihn nur als roten Faden benutzen, ist Nebensache. Wichtig ist es, das Stück und die Handlung in- und auswendig zu kennen.

Wer möchte, kann den Text auswendig lernen. Das mag besonders für Spielanfänger oder unsichere Spieler sinnvoll sein. Hierbei besteht aber die Gefahr, dass man zu sehr am vorgegebenen Text festhält, nicht improvisieren und richtig auf die Kinder eingehen kann.

Man kann sich seinen Text hinter der Bühne in Augenhöhe anheften, z. B. an einem Seitenteil. Wer den Ablauf genau kennt und den Text einige Male gelesen hat, braucht ihn sich nur auf einem Tisch bereitzulegen und ab und zu einen Blick darauf zu werfen. Besonders wichtige Aussagen, auf die man nicht verzichten will, z. B. lustige Versprecher von Seppel, kann man rot markieren.

Ohne die Hilfe der Kinder geht gar nichts!

Beim Kasperltheater ist es wichtig die Kinder ins Spielgeschehen mit einzubeziehen. Zwar weiß der Spieler die Lösung schon im Voraus, aber oft kommen die Kinder selbst darauf. Kasperl freut sich immer, wenn die Kinder ihm helfen. Wenn am Schluss die Hexe oder der Räuber besiegt wird und die Kinder daran beteiligt waren, steigert das ihr Selbstbewusstsein.

Die Kinder sollen während des Spiels mitdenken, mitfühlen und mithelfen. Das erreicht man am besten, wenn man immer wieder Fragen stellt: »Habt ihr heute schon den Seppel gesehen? Wo steckt der bloß?« Die Kinder vermuten, wo Seppel sein könnte; oft erraten sie die gewünschte Antwort, wenn man es z. B. aus dem Hintergrund laut schnarchen lässt.

Auch die anderen Puppen sollten auf alle Fälle mit den Kindern reden und Fragen an sie stellen. Genau dies macht den Reiz des Kasperltheaters aus – sonst könnte man den Kindern auch einen Film vorführen.

Man sollte allerdings gut abwägen, auf welche Vorschläge der Kinder man eingeht. Geht man zu wenig auf sie ein, fühlen sie sich nicht ernst genommen. Sind es hingegen zu viele Vorschläge, besteht die Gefahr, dass man den roten Faden verliert oder dass die Aufführung zu unruhig wird. Die Kinder verlieren das Interesse, wenn sie nichts verstehen. Um wieder Spannung zu erzeugen und die Aufmerksamkeit der Kinder zum Spielgeschehen zurückzuholen, kann Kasperl z. B. sagen: »Pst, Kinder, hört ihr das auch?« Oder er erschrickt plötzlich und ruft: »Seid mal still, Kinder! Ich höre ein Heulen! Oje, das muss das Gespenst sein!« So gehört diese Aufforderung zum Spiel und die Kinder fühlen sich nicht ermahnt. Mit der Zeit gewinnt man ein Gespür dafür, wie lange sich Kasperl mit den Kindern unterhalten kann und wann es besser ist, wieder weiterzuspielen.

Hexenhaus und Räuberhöhle: Die Kulissen

Kulissen wirken zwar schön und machen den Hintergrund des Spiels für die Kinder interessant, aber sie müssen nicht unbedingt sein. Oft genügt es, ein einfarbiges Laken

zu benutzen. Man kann auch den einen oder anderen Akt vor geschlossenem Vorhang spielen. Wer nicht ganz auf Kulissen verzichten möchte, kann sich ein Grundsortiment zusammenstellen, das man immer wieder benutzen kann:

- ein kleines Haus
- eine Stube mit Tisch und Stühlen oder sonstigen Möbeln
- ein Dorfplatz mit Brunnen und Häusern
- eine Blumenwiese
- ein Wald
- ein Schloss
- ein Hexenhaus
- eine Räuberhöhle.

Mit diesen Kulissen kommt man aus, und wenn man sorgfältig damit umgeht, kann man sie immer wieder benutzen.

Der Hintergrund sollte so einfach wie möglich gezeichnet werden, denn zu viele Details lenken vom Spielgeschehen ab. Die Kinder entwickeln genügend Phantasie, um sich den Hintergrund auch ohne aufwändige Kulissen vorzustellen.

Heut bin ich einmal selbst der Kasperl: Rollenspiel

Es macht großen Spaß, ein Kasperltheater zum Beispiel an Wandertagen oder beim Sommerfest zur Abwechslung auch einmal mit lebendigen Figuren aufzuführen. Mit wenig Aufwand kann man ein kleines Theaterstück gestalten, man braucht nur genügend Schauspieler. Manche Eltern erklären sich gerne bereit, mitzuspielen. Natürlich kann eine Person auch zwei Rollen übernehmen, wenn sie nicht gleichzeitig auftreten muss.

Mit ein bisschen Phantasie können Sie auch die Kostüme leicht herstellen:

Kasperl trägt eine Kniebundlederhose, es kann aber auch eine bunte Caprihose oder eine weite Jogginghose sein. Auch eine Leggings erfüllt ihren Zweck. Ein kariertes, weites Hemd und eine rote Zipfelmütze gehören dazu.

Seppel trägt weite Lederhosen, ein kariertes Hemd und einen Trachtenhut.

Gretel kann ein Dirndl oder Rock und Bluse tragen. Sie trägt ihre langen Haare zu Zöpfen geflochten oder einen Haarreif mit Schleife.

Der Räuber zieht alte, weite Kordhosen an, ein zerrissenes Hemd und einen Schlapphut. Der Bart, der keineswegs fehlen darf, kann mit Theaterschminke aufgemalt werden.

Die Prinzessin benötigt ein schönes Kleid. Vielleicht hat jemand noch ein altes Abendkleid, oder man näht ein Cape aus Satin. Sicher treibt man eine Faschingskrone auf.

Der Wachtmeister kann sich eine Polizeiuniform ausleihen.

Der König sieht mit einem roten oder blauen Umhang und einer Krone, die man aus goldener Wellpappe selbst basteln kann, gut aus.

Einführung

Die Hexe zieht alte Kleider und ein Kopftuch an. Besonders echt wirkt sie, wenn sie
sich mit einem Kissen einen Buckel macht
und sich einen Raben oder eine Katze auf
die Schulter setzt.

Als Kulissen dienen echte Möbel für Großmutters Stube. Auch den Wald können Sie
leicht mit »echten« Bäumen darstellen: In
mehrere Eimer wird feuchter Sand gefüllt
und Tannenreisig oder andere Äste hinein-
gesteckt.

Eine Räuberhöhle kann man bauen, indem
man Decken über einen Kindertisch hängt.

Braucht man einen Dorfplatz, gestalten Sie
einfach aus großen Kartons einige Häuser.
Das Dach wird schräg abgeschnitten und
alles bunt bemalt. Fenster mit Blumen davor werden aufgezeichnet, und schon wirken die Häuschen echt.

Dies bedeutet natürlich etwas mehr Aufwand als ein normales Kasperlstück, aber
es lohnt sich. Die Kinder sind begeistert,
wenn sie Kasperl & Co. in Natura sehen.
Manchmal wird man noch Wochen danach
von ihnen angesprochen: »Gell, du warst
der Kasperl?«

Die Kasperlstücke

Fasching im Schloss

Für zwei Personen

Es spielen mit:
Kasperl, Seppel, Gretel, Prinzessin Gold-
löckchen, Räuber Hotzenplotz

Requisiten:
für Kasperl eine Weste, für Seppel ein Räu-
berhut, für Gretel ein Kopftuch und einige
Lumpen, für die Prinzessin ein Kleid oder
ein Umhang, ein Seil

Kulissen:
2. Akt: ein königliches Zimmer mit auffälli-
ger Tapete und Himmelbett
3. Akt: an einem Laken Luftschlangen und
Luftballons befestigen, oder einen
Bogen Papier bunt bemalen bzw. be-
kleben

Inhalt:
Kasperl, Seppel und Gretel sind zum Kos-
tümball im Schloss eingeladen. Der Räuber
stiehlt das schöne Kleid der Prinzessin, weil
er davon träumt, einmal im Leben eine
Prinzessin zu sein. Auf dem Ball wird er na-
türlich erwischt, aber die Prinzessin hat
Mitleid mit ihm, sucht sich ein anderes Kos-
tüm und überlässt ihm ihr Kleid. Sie er-
kennt, dass man an Fasching einmal jemand
ganz anderes sein darf.

Erster Akt: Vor geschlossenem Vorhang

Kasperl: »Tri, tra, trallala ... der Kasperl ist als Zwerg heut da! Na, Kinder, hättet ihr mich erkannt, wenn ich nicht gesungen hätte? Ja? Aber ich bin doch heute der Zwerg Nepomuk! Der Seppel und ich sind nämlich zur Prinzessin aufs Schloss einge-laden. Sie will ein Kostümfest veranstalten. Aber wo ist denn der Seppel? Er wollte doch hier auf mich warten! Bestimmt schläft er noch. Kommt, wir rufen ihn mal.«

Alle rufen den Seppel. Seppel kommt.

Seppel: »Was ist denn das schon wieder für ein Lärm? Nicht mal in der Nacht kann man schlafen! Kinder, warum seid ihr nicht in eurem Bett? Und du auch, Kasperl?«

Kasperl: »Guten Morgen Seppel! Es ist hel-ler Tag und wir wollten jetzt eigentlich los-gehen.«

Seppel: »Wohin denn?«

Kasperl: »Seppel, denk doch nach! Heute ist der Kostümball auf dem Schloss!«

Seppel: »Heute? Oje, und ich habe ver-schlafen! Ich hole schnell mein Kostüm!«

Seppel geht ab, kommt gleich darauf mit einem Räuberhut.

Kasperl: »Seppel, deinen eigenen Hut musst du aber vorher abnehmen!«

Seppel: »Was? Meinen Seppelhut? Nein, den muss ich auflassen, sonst weiß doch niemand, dass ich der Seppel bin!«

Kasperl: »Dann komm jetzt. Die Gretel ist schon längst im Schloss!«

Kasperl und Seppel gehen ab.

Zweiter Akt: Im Schloss

Gretel und die Prinzessin probieren ihre Kostüme an.

Gretel: »Ich bin die Hexe Knusperfix, ich verhexe dich gleich in eine fette Kröte! Hihihi.«

Prinzessin: »Du siehst richtig unheimlich aus, Gretel. Oh, hallo, Kinder. Ihr seid ja auch so bunt verkleidet! Ist bei euch auch ein Kostümball?«

Gretel: »Hallo, Kinder! – Fasching habt ihr? Wir auch, nicht wahr, Prinzessin? Ich bin eine Hexe! *(zu den Kindern)* Was bist denn du – das Mädchen ganz vorne? Und du – der Junge ganz hinten?«

Prinzessin: »Ihr seht toll aus! Aber Gretel und ich müssen erst noch baden. Ich hänge mein Kostüm hierher. Komm, Gretel.«

Die Prinzessin hängt ihr Kleid über die Bühne. Beide gehen ab.

Der Räuber kommt ächzend, er klettert am Balkon hoch (für die Kinder unsichtbar).

Räuber: »Ich bin auch nicht mehr der Jüngste! Mal sehen, ob die Prinzessin Schmuck und Edelsteine herumliegen hat. He, wer seid denn ihr? Ihr seht aber doof aus! Ist bei euch Spinneritisfest? Hohoho! – Was, ihr feiert Fasching? Oh, und ich habe kein Kostüm! Wisst ihr, was ich mal gerne wäre? Eine Tanzprinzessin mit einem wunderschönen Kleid! Nanu, was hängt denn da? Ach, ist das ein schönes Kleid! Genau so habe ich es mir vorgestellt. Das ziehe ich an! – Hui, da höre ich jemand. Schnell über den Balkon! Aber das Kleid nehme ich mit, hohoho! Dann gehe ich auf den Ball und keiner erkennt mich! Hahaha!«

Der Räuber geht mit dem Kostüm ab. Gretel und die Prinzessin kommen.

Prinzessin: »Jetzt aber schnell mein Kostüm angezogen! Nanu? Ich habe es doch hierher gehängt. Wo ist es denn? Hast du es, Gretel? – Was sagt ihr, Kinder? Der Räuber war hier? Er hat mein Kostüm gestohlen? Huhu, huhu! Was soll ich denn jetzt anziehen?«

Die Prinzessin weint bitterlich.

Gretel: »Weine nicht, Prinzessin. Willst du mein Kostüm?«

Prinzessin: »Huhu, nein danke, Gretel. Ich möchte mein schönes Kleid zurück!«

Kasperl und Seppel kommen.

Kasperl: »Was ist denn hier los? Aber Prinzessin, warum weinst du denn?«

Gretel: »Der Räuber Hotzenplotz hat ihr Kostüm gestohlen!«

Kasperl und Seppel: »Was? Der Räuber war hier?«

Kasperl: »Wie ist er bloß an den Wachen vorbeigekommen? Und was will er mit einem Tanzkleid anfangen? Kinder, wisst ihr das? – Wie bitte? Er will als Tanzprinzessin auf den Kostümball gehen?«

Gretel, Kasperl und Seppel lachen, die Prinzessin weint noch lauter.

Seppel: »Nicht weinen, Prinzessin! Du darfst meinen Räuberhut haben!«

Kasperl: »Ach Seppel, die Prinzessin mag doch kein Räuber sein. Aber wenn unser Räuber zum Fest kommen will, dann brauchen wir doch nur auf ihn zu warten!«

Gretel: »Genau, denn wir erkennen ihn ja! Er erkennt uns aber nicht, weil wir verkleidet sind!«

Prinzessin: »Nur ich nicht! Huhu, huhu!«

Kasperl: »Du bekommst dein Kostüm zurück, so wahr ich der Kasperl bin.«

Seppel: »Und ich der Seppel, äh, der Räuber!«

Gretel: »Kommt mit zum Ballsaal!«

Alle gehen ab.

Dritter Akt: Im Ballsaal

Kasperl: »Prinzessin, du versteckst dich am besten.«

Die Prinzessin versteckt sich hinter dem Vorhang, die anderen warten.

Gretel: »Kinder, könnt ihr nicht ein Lied singen? Dann fällt das Warten nicht so schwer.«

Die Kinder singen ein Lied, die Puppen tanzen dazu. Auch der Räuber taucht als Tanzprinzessin auf und wiegt sich im Takt.

Kasperl leise: »Das muss er sein!«

Gretel: »Das ist er! Ich erkenne das Kostüm!«

Räuber säuselt: »Guten Tag, als was seid ihr denn verkleidet? Ich bin die Prinzessin Goldlöckchen. Bin ich nicht allerliebst?« *(Er dreht sich galant und hüpft wie eine Ballerina in die Höhe.)*

Gretel: »Ich bin die Hexe Knusperfix und hexe gerne Maximix!«

Kasperl: »Als Zwerg Nepomuk bin ich bekannt und reise durch das ganze Land!«

Seppel: »Ich bin der Räuber Pupst-so-froh und lande meistens auf dem Po.«

Räuber mit tiefer Stimme: »Ho, ho, du bist mir ja ein ... äh ... (seine Stimme wird höher) Du bist ja ein furchterregender Räuber!

Huch, da bekomme ich zartes Geschöpf direkt Angst.«

Kasperl leise: »Kinder, ihr müsst den Räuber ablenken. Am besten klatscht ihr, wenn er wieder tanzt. Gretel, Seppel und ich schleichen uns an und fesseln ihn. Alles klar? Dann passt gut auf!«

Der Räuber dreht sich wieder um sich selbst und summt in den höchsten Tönen. Die Kinder klatschen.

Räuber mit tiefer Stimme: »Ho, ho, ich ... äh ... (mit hoher Stimme) Ich bin ein Naturtalent! Danke für den Applaus, wollt ihr mehr sehen?«

Wieder tanzt der Räuber und die Kinder klatschen. Kasperl holt das Seil, Seppel und Gretel schleichen sich an und umkreisen den Räuber. Er ist so ins Tanzen vertieft, dass er nichts mitbekommt. Kasperl packt ihn, Gretel und Seppel halten ihn fest und Kasperl fesselt ihn.

Räuber mit tiefer Stimme: »He, ihr Kameltreiber! Was ... äh ... (mit hoher Stimme) Was soll denn das?«

Die Prinzessin kommt: »So ein frecher Kerl! Erst klaut er mein Kostüm, und dann wagt er es, auf meinem Kostümball zu erscheinen und so zu tun, als wäre er ich!«

Räuber: »Du hier? Ich dachte, du kommst nicht, weil du kein Kostüm hast!«

Kasperl: »Du hast wohl nicht mit uns gerechnet, was?«

Räuber: »Jetzt erkenne ich dich erst, Kasperl! Oje! Und dann sind das wohl Seppel und Gretel? Wäre ich nur nicht zu dem Fest gekommen! Aber ich wollte doch so gerne mal eine Tanzprinzessin sein. Du hast jeden Tag schöne Kleider an, Prinzessin. Du brauchst gar kein Kostüm, aber ich? Ich muss immer diese ollen Räuberklamotten tragen. Nur einmal wollte ich wissen, wie es ist, eine Prinzessin zu sein!«

Gretel: »Räuber Hotzenplotz, man darf aber nicht einfach stehlen!«

Räuber: »Ich weiß! Aber ihr hättet mir dieses Kleid doch niemals gegeben, und da ich nun mal ein Räuber bin ... äh ... habe ich es einfach geklaut!«

Seppel: »Jetzt gibst du der Prinzessin ihr Kleid zurück und verziehst dich!«

Prinzessin: »Nein, er soll es anbehalten. Ich suche mir auf dem Dachboden ein neues Kostüm. Der Räuber hat Recht, ich bin doch schon jeden Tag die Prinzessin! An Fasching muss man mal jemand anderes sein! Hilfst du mir suchen, Gretel?«

Gretel: »Aber natürlich, komm schnell!«

Räuber: »Heißt das, ich darf mitfeiern? Als Tanzprinzessin?«

Kasperl löst das Seil.

Kasperl: »Du hast doch die Prinzessin gehört!«

Prinzessin: »Bleib ruhig da, aber keine Klauerei mehr, klar?«

Seppel: »Heute darf nur ich stehlen, ich bin der Räuber!«

Gretel: »Also, Kinder, feiert noch schön! Tschüs!«

Kasperl: »Und mal wieder vielen Dank für eure Hilfe!«

Seppel: »Macht's gut, ihr Buntlinge!«

Räuber mit hoher Stimme: »Tschüsi, ihr lieben Kinderlein!«

Alle gehen ab.

Silvia Klimke

Die Hexe vertauscht die Jahreszeiten

Für zwei Personen

Es spielen mit:
Kasperl, Gretel, Hexe, Rabe

Requisiten:
Becken, Blumen für Gretel, Wattebäusche als Schneeflocken

Kulissen:
1. und 2. Akt: Kasperls Wohnstube
3. Akt: Wald mit bunter Frühlingswiese

Inhalt:
Kasperl ist voller Vorfreude auf den Frühlingsstrauß, den ihm die Gretel zum Geburtstag schenken möchte. Doch die Hexe hext den Winter herbei und will verhindern, dass in ihrem Wald andere außer ihr Frühlingsblumen pflücken. Mit vereinten Kräften gelingt es Kasperl, Gretel und dem Raben, dass die Hexe den Frühling wieder zurückhext.

Erster Akt: Vor geschlossenem Vorhang

Kasperl: »Tri, tra, trallala ... Nanu, guten Tag, liebe Kinder! Warum seid ihr denn hier? Wollt ihr mir helfen, den Vorhang aufzuziehen? Dann sagt alle laut: Hau ruck!

Hau ruck! Hau ruck! – So, das wäre geschafft. Seid ihr auch so fröhlich wie ich? Ich habe nämlich heute Geburtstag! Das ist vielleicht toll! Das wollen wir nachher so richtig gemütlich feiern. Ich bin ja sooo gespannt, was ich geschenkt bekomme! Von der Gretel habe ich mir einen ganz bunten Blumenstrauß gewünscht. Ich rieche so gern daran. Hach, Kinder, ich bin schon ganz aufgeregt. Ich freue mich, weil die Gretel gleich in den Wald geht, um mir einen schönen, großen, dicken Strauß zu pflücken. Krokusse und Schneeglöckchen vielleicht. Vielleicht auch eine Erdbeere? Ach nein, Erdbeeren gibt es doch noch gar nicht, und das sind auch keine Blumen! Aber sicher pflückt die Gretel mir ein paar Osterglocken und – ach, was gibt's denn noch für Blumen? Ja, einen schönen, dicken Strauß. Sooo dick! Also bis nachher, Kinder!«

Kasperl geht ab. Gretel betritt die Bühne, summt und singt vor sich hin.

Gretel: »Singt ein Vogel, singt ein Vogel, singt im Märzenwald. Kommt der helle, der helle Frühling, kommt der Frühling bald. Komm doch, lieber Frühling, lieber Frühling, komm doch bald herbei, jag den Winter, jag den Winter fort und mach das Leben neu ... ach, guten Tag, Kinder! Ich hatte euch gar nicht gesehen! Ich bin nämlich auf der Suche nach Frühlingsblumen. Die will ich dem Kasperl zum Geburtstag schenken. Aber bis jetzt habe ich erst ganz wenig. Wisst ihr was? Ich gehe einfach tiefer in den Wald hinein. Da hinten sehe ich schon was: Da leuchtet's blau und rot und gelb ...«

Gretel geht ab. Die Hexe schaut hinter dem Vorgang hervor.

Hexe: »Hihihihi, was sehe ich denn da? Wer wagt sich in meinen Hexenwald? Ah, die Gretel! Was macht die denn da? – Waaas? Blumen aus meinem Hexenwald pflücken? Na warte, der werde ich die Suppe versalzen. Ich verhexe einfach die Jah-

reszeiten. Statt Frühling soll es Winter sein. Hihihi! Denn im Winter blühen keine Blumen, und dann kommen auch keine Leute in meinen Hexenwald, weil es hier so kalt und unheimlich ist. Hihihi ...«

Die Hexe geht ab. Gretel kommt und sieht sich suchend um.

Gretel: »So, hier ist die Stelle mit den vielen bunten Blumen. (stutzt) Was ist das für ein Geräusch?«

Hexe aus dem Hintergrund: »Hihihihi!«

Gretel: »Woher kommt denn die Stimme? Psst, Kinder, seid doch mal still.«

Hexe spricht, ohne zum Vorschein zu kommen: »Abrakadabra! Hokus, pokus, fidibus! Ene, mene, pustikus! Aus Frühling wird Winter. Habt ihr's gehört, ihr vielen Kinder? Hört alle her und lauscht, nun sind die Jahreszeiten vertauscht!«

Schnelles, lauter werdendes Spielen auf dem hängenden Becken, die Blumen aus Gretels Hand verschwinden und Schneeflokken werden aufgehängt.

Gretel: »Oh Kinder, es ist ja plötzlich so kalt! (zittert und bibbert) Was ist geschehen? Wo sind denn meine Blumen? – Was sagt ihr? Die Hexe hat den Frühling weggezaubert! Und was soll ich dem Kasperl jetzt zum Geburtstag schenken? Ojemine! Ich gehe gleich zu ihm und erzähle ihm, was ich erlebt habe.« (Gretel geht ab.)

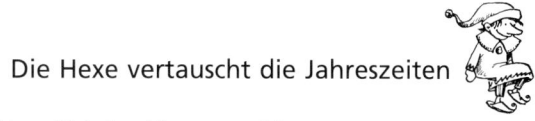

Zweiter Akt: Beim Kasperl

Kasperl: »Wo bleibt die Gretel nur? Sie wollte doch um drei Uhr hier sein! Und jetzt ist es bald vier. *(Es klopft.)* Herein!«

Gretel kommt herein: »Oh, Kasperl! Wenn du wüsstest, was ich erlebt habe!«

Kasperl: »Ja, was ist denn los? Ich habe schon auf dich gewartet!«

Gretel: »Hast du denn noch nicht aus dem Fenster gesehen?«

Kasperl: »Nein, aber ich werde gleich schauen. Oh – was ist denn da passiert? Es liegt ja überall Schnee! Und wo ist denn der blaue Himmel und die strahlende Sonne geblieben? Und die Vögel und die spielenden Kinder? Das ist ja wie im Winter!«

Gretel: »Genau! Die Kinder haben erzählt, dass die Hexe die Jahreszeiten vertauscht hat, weil sie nicht will, dass jemand im Wald Blumen pflückt.«

Kasperl: »Stimmt das, Kinder? Na wartet, der werde ich die Meinung sagen! Komm mit, Gretel, auf in den Wald.«

Gretel: »Aber ich habe solche Angst vor der Hexe!«

Kasperl: »Ach was, du brauchst keine Angst zu haben. Ich bin doch bei dir, und die Kinder passen auch auf. Kinder, wenn ihr die Hexe seht, ruft ihr uns, ja?«

Dritter Akt: Im Hexenwald

Rabe: »Krah, krah, ich bin der Rabe Klapperschnabel. Ich bin der Freund der Hexe. Brr, ist das kalt! Ich fand den Frühling viel schöner. *(klapper, klapper)* Aber was soll ich schon gegen die Hexe machen? Oh, ich höre Stimmen. Wer kommt denn da in den dunklen, kalten Hexenwald?«

Kasperl: »Na, hier ist ja der tiefste Winter eingekehrt!«

Gretel: »Guck mal, Kasperl. Siehst du da hinten das Schwarze im Schnee?«

Kasperl: »Ich fresse einen Besen, wenn das nicht der Rabe Klapperschnabel ist! Der weiß bestimmt, wo wir die Hexe finden.«

Gretel: »Hallo, Rabe Klapperschnabel.«

Rabe: *(klapper, klapper)* »Was wollt ihr denn hier im kalten Hexenwald?«

Kasperl: »Wir suchen die Hexe. Kannst du uns sagen, wo sie ist?«

Rabe: »Ja, was wollt ihr denn von ihr?«

Gretel: »Sie soll den Frühling zurückhexen.«

Rabe: »Nein, nein, das wird sie sicher nicht machen. Sie hat sich nämlich geärgert, weil im Frühling so viele Leute in den Hexenwald kommen und Blumen pflücken wollen. Das stört sie.«

Kasperl: »Aber der Frühling ist doch so schön! Alles grünt und blüht und duftet. Junge Hasen, Vögel und andere Tiere kommen auf die Welt. Die Kinder spielen im Garten ...«

Rabe traurig: »Ja, ja. Ihr habt ja so Recht! Ich habe es auch viel lieber, wenn es warm ist. Aber die Hexe denkt da ganz anders.«

Kasperl: »Ach, kannst du sie nicht hierherlocken? Du bist doch ihr Freund! Wir überrumpeln sie und bringen sie dazu, uns den Frühling zurückzuhexen.«

Gretel: »Ja, bitte, bitte, lieber Rabe!«

Rabe: »Krah, krah. Na gut, ich werd's versuchen.« *(Der Rabe geht ab.)*

Gretel: »Ich bin gespannt, ob die Hexe kommt.«

Kasperl: »Hör mal. Da flattert doch was. Was sehe ich denn da? Da kommt der Rabe angeflogen! Kinder, ratet mal, was der im Schnabel hat!«

Rabe: »Krah, krah!«

Der Rabe setzt sich auf einem Ast nieder. Er hat die Hexe im Schnabel.

Hexe: »He, du altes Federvieh! Lass mich sofort los, du schwarzes Rabenungeheuer!«

Rabe: »Nein, ich lass dich nicht los! Nicht, bevor du den Frühling wieder herbeihext!«

Hexe: »Du dummer Vogel, du! Ich denke, du bist mein Freund! Was fällt dir denn plötzlich ein? Lass mich sofort runter.«

Kasperl: »Ist gut, Hexe. Der Rabe lässt dich fallen, aber dann brichst du dir bestimmt alle Knochen.«

Hexe jammert: »Nein, nein! Nur das nicht. Rabe, lass mich bloß nicht los. Hilfe, mir ist ganz schwindelig. Hilfe!«

Kasperl: »Wirst du jetzt den Frühling zurückhexen?«

Hexe: »Nein, nie und nimmer! Eher fress' ich einen Regenwurm!«

Kasperl: »Ist gut. Rabe Klapperschnabel, ich zähle bis drei, und wenn die Hexe dann nicht hext, lässt du sie fallen. Helft ihr mir zählen, Kinder? Eins ... zwei ...«

Hexe: »Nein, nein! Lass mich doch auf die Erde, lieber Rabe!«

Kasperl: »... und die letzte Zahl heißt Nummer drei!«

Hexe: »Halt! Halt! Ich gebe auf! Ich hexe den Frühling zurück. Nur nicht loslassen!«

Kasperl: »Na, dann beeile dich mal!«

Hexe: »Also gut: Abrakadabra! Hokus, pokus, fidibus! Ene, mene, pustikus, der Winter soll vergeh'n, wir wollen den Frühling wieder seh'n.«

Lautes Spielen auf dem hängenden Becken. Die Schneeflocken werden abgehängt, Gretel hat ihre Blumen wieder in der Hand, der Rabe setzt die Hexe auf dem Boden ab und setzt sich in eine Ecke.

Gretel: »Oh, es ist wieder Frühling! Wie warm es doch auf einmal ist! Und meine Blumen sind auch wieder da – Kasperl, die habe ich für dich gepflückt.«

Kasperl: »Vielen Dank! Die sind aber schön! Ich bin froh, dass wieder Frühling geworden ist: Die bunten Blumen sehen doch wunderschön aus! Aber nun gehen wir ganz schnell nach Hause! Auch du, Rabe Klapperschnabel, kommst mit, und du, Hexe, musst mir zur Strafe eine riesige Geburtstagstorte hexen – mit viel Schlagsahne.«

Alle: »Hm, lecker!«

Kasperl: »Also, auf geht's! Schnell nach Hause und lasst uns feiern, das haben wir uns verdient nach diesem anstrengenden Abenteuer. Tschüs, Kinder, bis zum nächsten Mal!«

Alle gehen ab.

Monika Meyer

Wo sind die Ostereier?

Für eine oder zwei Person(en)

Es spielen mit:
Kasperl, Gretel, Hexe Krixelkraxel, Osterhase (kann auch ein Plüschhase sein)

Requisiten:
Körbchen mit bunten Ostereiern, etwas größerer leerer Korb oder ausgestopfter Sack, Kassette mit unheimlicher Musik oder Xylophon

Kulissen:
2., 3. und 5. Akt: Blumenwiese zeichnen oder auf einfarbigen grünen Hintergrund einige Krepppapierblüten stecken
4. Akt: Tannenbäume zeichnen

Inhalt:
Der Osterhase ist traurig: Alle Ostereier sind verschwunden. Könnte die Hexe Krixelkraxel dahinter stecken, die nicht möchte, dass laute Kinder beim Ostereiersuchen durch ihren Wald toben? Kasperl, Gretel und die Kinder sorgen dafür, dass die Hexe die Ostereier wieder herausgibt und trotzdem zufrieden sein kann.

Erster Akt: Vor geschlossenem Vorhang

Gretel singt: »Hopp, hopp, hopp, der Osterhas kommt aus weiter Ferne, legt die Eier in das Gras, hat die Kinder gerne. Er versteckt sie husch, husch, husch hinterm Strauch im Garten, will er hinter einem Busch auf die Kinder warten *(oder ein anderes Oster-/Frühlingslied)*. Hallo, Kinder, ihr seid ja schon da! Da wird sich der Kasperl aber ärgern, weil er euch doch sonst immer begrüßt. Wisst ihr auch, wie? Genau, er singt sein Tri, tra, trallala. Wollen wir ihn heute mal so begrüßen? Ich höre ihn nämlich gerade kommen. Ja? Also, dann mal los. Tri, tra, trallala ... der Kasperl ist heut wieder da!«

Während des Liedes kommt der Kasperl.

Kasperl: »Na, das ist aber eine Überraschung. Schön habt ihr gesungen, vielen Dank! Habt ihr auch schon Ostereier gesucht? Gretel und ich wollen auf die Wiese gehen und sehen, ob der Osterhase schon welche versteckt hat. Ich bin so gespannt wie ein Flitzebogen.«

Gretel: »Komm, Kasperl, lass uns gehen!«

Beide gehen ab.

Zweiter Akt: Auf der Wiese

Gretel und Kasperl suchen, aber sie finden nichts.

Kasperl: »Gretel, verstehst du das? Kein einziges Ei ist zu finden. Der Osterhase muss sie wirklich gut versteckt haben!«

Gretel: »So gut kann man gar nicht verstecken. Ich glaube, er hat uns vergessen! Und ich hatte mich so auf die schönen bunten Ostereier gefreut.«

Gretel fängt an zu weinen.

Kasperl: »Wein' doch nicht, Gretel! Der Osterhase hat uns bestimmt nicht vergessen. Da stimmt etwas nicht! Du gehst zu Seppel und schaust, ob er Ostereier gefunden hat, und ich mache mich auf den Weg zum Osterhasen. Wir treffen uns wieder hier!«

Dritter Akt: Beim Osterhasen

Kasperl: »Ist das heute ein schöner Frühlingstag! Die Sonne scheint, die Blumen blühen, die Vögel zwitschern. Etwas Besseres kann sich der Osterhase gar nicht wünschen. Im letzten Jahr hat er die Ostereier sogar bei Regen gebracht. Hier ist auch schon seine Osterhasenwerkstatt, aber von ihm keine Spur! Osterhase! Osterhase! Kinder, helft mir doch mal rufen.«

Alle rufen den Osterhasen, dieser kommt mit hängendem Kopf.

Osterhase: »Ach, wer ruft mich denn da? Hallo, Kinder, hallo, Kasperl! Wie kommt ihr denn hierher? Seid ihr extra den weiten Weg zu Fuß gelaufen? Aber es ist alles umsonst! Dieses Jahr wird es keine Ostereier geben! Oje, oje, ojemine!«

Kasperl: »Was ist denn passiert?«

Osterhase: »Stell dir vor, Kasperl, ich hatte alle Ostereier fertig bemalt und wollte sie heute in aller Frühe verstecken. Aber als ich in meine Werkstatt kam, waren alle Eier weg! Nun bekommen die Kinder in diesem Jahr keine Ostereier! Sicher werden sie sehr traurig sein. Was mache ich denn nur?«

Kasperl: »Wer könnte denn die Eier stehlen? Der Räuber vielleicht?«

Osterhase: »Den hätte ich bestimmt gehört, so laut wie der trampelt! Und jetzt gehen die Kinder ganz umsonst in den Wald, oje, oje!«

Kasperl: »Wald? Ach richtig, du versteckst die Eier der Kinder ja im alten Hexenwald! Hm, Hexenwald, Hexenwald ...! Wohnt da nicht die alte schrumpelige Hexe Krixelkraxel? Die kann Kinder nicht leiden, stimmt's? Vielleicht hat sie etwas mit dem Verschwinden zu tun! Osterhase, geh du schon mal zur Wiese, da wartet die Gretel. Ich schaue, was ich machen kann!«

Osterhase: »Pass aber gut auf, Kasperl!«

Beide gehen ab.

Vierter Akt: Im Hexenwald

Unheimliche Geräusche ertönen im Hintergrund. Kasperl schaut sich ängstlich um.

Kasperl: »Jetzt bin ich schon so tief im Wald ... Ich glaube, hierher verirrt sich sonst keine Menschenseele. Huch, habt ihr das auch gehört? Ich verstecke mich mal lieber.«

Ein leises Kichern ist zu hören. Kasperl versteckt sich hinter dem Vorhang, die Hexe kommt.

Hexe: »Hihihi! Dieses Jahr habe ich meine Ruhe! Kein Kindergeschrei in meinem Wald! Ich lebe zwar im tiefsten Winkel, aber Kinder machen immer so schrecklichen Lärm. Igitt, Kinder sind wirkliche eine Plage. He, was ist denn das? Kinder! Wie schrecklich! Wie kommen denn Kinder in meinen Wald?«

Kasperl taucht wieder auf.

Kasperl: »Wir sind gekommen, weil wir die Ostereier zurückhaben wollen. Du hast sie doch bestimmt weggehext!«

Hexe: »Ja, und das hätte ich schon viel früher tun sollen. Jedes Jahr bin ich eine Woche lang krank, wenn dieses schreckliche, vermaledeite Ostereiersuchen vorbei ist. Der Lärm macht mir Kopfschmerzen. Uhh! Schon wenn ich Kinder sehe, bekomme ich Kopfweh!«

Kasperl: »Dann rückst du besser die Eier raus, denn sonst bleiben wir hier!«

Hexe: »Pfui Spinne! Verschwindet nur wieder. Ich will meine Ruhe. Seit 792 ½ Jahren will ich nur eins: meine Ruhe haben!«

Kasperl: »Aber weshalb magst du keine Kinder, Hexe Krixelkraxel?«

Hexe: »Sie sind laut! Sie schreien und kreischen die ganze Zeit, und sie sind so schrecklich fröhlich! Kinder sind einfach grauenhaft!«

Kasperl: »Trotzdem rückst du jetzt die Ostereier wieder raus!«

Hexe: »Damit Kinder in meinen Wald kommen? Nein, nein, dieses Jahr habe ich vorgesorgt! Und jetzt macht, dass ihr fortkommt, sonst verhexe ich euch in Kaulquappen.«

Kasperl leise zu den Kindern: »Kinder, ihr müsst mir helfen. Wenn ich rufe: ›Ostereier her!‹, dann antwortet ihr, so laut ihr könnt: ›Sonst machen wir dir's schwer!‹«

Hexe: »Was flüsterst du mit diesen Kröten? Ich habe jetzt genug von euch! Oh, mein Kopf! Na wartet, jetzt verhexe ich euch alle in Osterereier und esse euch morgen zum Frühstück! Hühnerauge, Warzennase, Krötenschenkel ...«

Kasperl: »Ostereier her!«

Alle rufen: »Sonst machen wir dir's schwer!«

Hexe: »Au, au! Seid doch nicht so laut! Oh, mein Kopf!«

Kasperl: »Gibst du uns jetzt die Ostereier?«

Hexe: »Niemals, na wartet! Ich hexe euch Glubschaugen an und Ziegenbärte. Froschschenkel und Nilpferdbäuche, Gallenblase, Rattengift ...!«

Kasperl: »Ostereier her!«

Alle: »Sonst machen wir dir's schwer!«

Hexe: »Au, au, mein Kopf! Au, ich habe solche Kopfschmerzen!«

Kasperl: »Hexe, ich mache dir einen Vorschlag. Du gibst uns die Ostereier zurück und ich bitte den Osterhasen, die Eier dieses Jahr am Waldrand und auf der Wiese davor zu verstecken. Dann hast du deine Ruhe und wir haben unsere Ostereier. Na, wie findest du das?«

Hexe: »Ich habe doch keine andere Wahl. Wenn ich die Eier behalte, dann seid ihr wieder so schrecklich laut! Oh, mein armer Kopf. Na gut, wartet hier, ich hole sie!«

Kasperl: »Und dann murmelst du in deinem Hexenhaus einen Hexenspruch, und wir sind plötzlich Giraffen mit Entenschnäbeln und Nashornbeinen! Nein, nein, ich hole die Eier und die Kinder beobachten dich. Aber hüte dich! Wenn du wieder etwas murmelst, dann rufen sie unseren Spruch nochmal.«

Hexe: »Nein, bitte nicht nochmal! Hinter der Tür steht ein Korb, da sind die Ostereier. Beeil dich, Kasperl, ich kann die Kinder nicht mehr lange ertragen.«

Kasperl geht ab, man hört im Hintergrund seine Stimme.

Kasperl: »Hier ist aber eine Unordnung! Da ist es ja beim Seppel aufgeräumter. Wo ist denn der Korb? Pfui, eine Spinne!«

Hexe: »Lass ja Esmeralda in Ruhe!«

Kasperl: »Igitt, eine fette Kröte!«

Hexe: »Dass du Geraldine nicht erschreckst!«

Kasperl: »Hier ist er ja. Lauter schöne bunte Ostereier.«

Kasperl kommt mit dem Korb.

Kasperl: »Ich kann nicht alle tragen. Den Rest hext du zum Osterhasen zurück, verstanden? Aber keine Dummheiten! Wir machen uns schon auf den Weg. Ach, übrigens, warum hext du dir deine Kopfschmerzen nicht einfach weg?«

Kasperl geht mit dem Korb ab.

Hexe: »Natürlich! Da hätte ich auch selbst draufkommen können! Danke, Kasperl, das werde ich tun. Aber jetzt die Ostereier zurück zum Osterhasen: Mohrenkopf und Katzendreck – alle Ostereier weg!«

Die Hexe geht ab.

Fünfter Akt: Auf der Wiese

Gretel und der Osterhase warten schon, als plötzlich ein Korb vor ihnen landet.

Osterhase: »Meine Ostereier, da sind sie ja!«

Gretel: »Aber wo bleibt denn der Kasperl? Kinder, ist ihm auch nichts zugestoßen? – Was? Er kommt gleich? Ihr habt Recht, ich kann ihn hören. Seid mal alle ganz still!«

Im Hintergrund hört man Kasperl singen: »Hopp, hopp, hopp, der Osterhas kommt aus weiter Ferne. Hüpfet durch das grüne Gras ...!«

Zuerst taucht Kasperls Zipfelmütze auf, nach und nach der ganze Kasperl.

Kasperl: »Hallo, Gretel, hallo, Osterhase! Wie ich sehe, sind die Eier schon da. Wundert mich nicht, und euch, Kinder? Der Hexe haben wir einen gehörigen Schrecken eingejagt. Aber, Osterhase, ich habe ihr versprochen, du versteckst die Eier nicht so tief im Wald!«

Osterhase: »Ja, ja! Vielen Dank, Kasperl! Und euch auch, Kinder! Ohne euch hätte es in diesem Jahr kein Ostereiersuchen gegeben. Jetzt muss ich mich aber sputen!«

Kasperl: »Komm, Gretel, wir helfen dem Osterhasen!«

Osterhase: »Wirklich? Das wäre toll!«

Gretel: »Ja, natürlich. Also tschüs, Kinder, und herzlichen Dank!«

Kasperl: »Ihr wart echt super, Kinder! Tschüs und frohe Ostern!«

Alle gehen ab.

Silvia Klimke

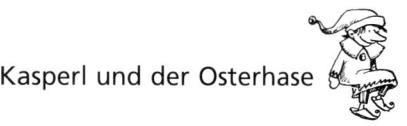

Kasperl und der Osterhase

Für zwei Personen

Es spielen mit:
Kasperl, Seppel, Osterhase

Requisiten:
ein kleines Seil und eine Mohrrübe

Kulissen:
2. Akt: Waldwiese

Inhalt:
Zu Ostern soll es für jedes Kind ein Nest-
chen geben. Das möchte der Räuber verhin-
dern. Doch Kasperl und Seppel helfen dem
ängstlichen Osterhasen, überlisten den Räu-
ber und sorgen dafür, dass jedes Kind am
Ostertag sein Osternest bekommt.

Erster Akt: Vor geschlossenem Vorhang

Kasperl: »Tri, tra, trallala ... bald ist der
Osterhase da. Versteckt die Eier im grünen
Gras, das Suchen macht uns allen Spaß.
Tri, tra, trallala, bald ist der Osterhase da.
Hallo, Kinder, seid ihr auch alle da? Was,
ihr seid noch nicht da? Muss ich wieder gehen? Aha, jetzt habe ich euch gehört. Wisst
ihr, was wir bald für ein Fest feiern? Richtig, bald ist Ostern. Da kommt der Oster-

hase und bringt die Schokoladennikoläuse!
– Was, keine Nikoläuse? Ostereier? Ja, Kinder, schmecken die denn genauso gut wie
Nikoläuse? Na, da bin ich aber froh. Doch
bis dahin ist ja noch etwas Zeit. Jetzt gehe
ich erst mal zum Seppel und frage ihn, ob
er mit mir spielt.«

Kasperl geht ab. Seppel kommt, kurz darauf
Kasperl.

Seppel: »Hallo, Kasperl. Endlich kommst
du! Ich warte schon so lange auf dich.«

Kasperl: »Ja, da bin ich. Jetzt können wir
gleich los. Hast du auch Lust, im Wald zu
spielen?«

Seppel: »Au prima! Du, Kasperl, wir haben doch im Kindergarten ein neues Frühlingslied gelernt, wie ging das noch gleich?«

Kasperl: »Ja, ich weiß, welches du meinst. Es heißt: ›Singt ein Vogel im Märzenwald‹. Die Kinder können dieses Lied doch sicher auch! Kommt, wir singen es alle gemeinsam. Dann macht das Laufen bis in den Wald viel mehr Spaß.«

Alle singen gemeinsam das Lied.

Singt ein Vogel im Märzenwald

1. Singt ein Vogel, singt ein Vogel,
   singt im Märzenwald,
   kommt der helle, der helle Frühling,
   kommt der Frühling bald.

Refrain: Komm doch, lieber Frühling,
   lieber Frühling, lieber Frühling,
   komm doch bald herbei,
   jag' den Winter, jag' den Winter
   fort und mach das Leben neu.

2. Scheint die Sonne, scheint die Sonne,
   scheint im Märzenwald,
   kommt der helle, der helle Frühling,
   kommt der Frühling bald.

3. Blüht ein Blümlein, blüht ein Blümlein,
   blüht im Märzenwald,
   kommt der helle, der helle Frühling,
   kommt der Frühling bald.

Nach dem Singen gehen Kasperl und Seppel ab.

Zweiter Akt: Im Wald

Räuber: »Hallo, Kinder! Wisst ihr, wen ich eben gesehen habe? Den Osterhasen! Er läuft durch den Wald und sammelt Gras und Moos für die Osternester! Ich habe schon vor langer Zeit eine Falle gebaut, und wenn ich dort hinein eine Mohrrübe lege, fällt er bestimmt auf den Trick rein. Dann bekomme nur ich in diesem Jahr die Ostereier! Ich warte jetzt, bis er kommt. Dann fange ich ihn. Aber, Kinder: Wehe, ihr verratet etwas, dann werde ich super-sauer-knatschig-böse! Doch nun muss ich schnell einen Käfig holen, damit er mir nicht entwischt, wenn ich ihn gefangen habe.«

Der Räuber geht ab, Kasperl und Seppel kommen.

Kasperl: »Hallo, Kinder, da sind wir endlich angelangt im schönen grünen Wald. Riech einmal, Seppel, wie frisch und gut es hier riecht: viel, viel angenehmer als in der Stadt. Spielen wir Verstecken?«

Seppel: »Ja, gleich. Du, Kasperl sieh mal! Das sieht ja aus wie eine Falle!«

Kasperl: »Tatsächlich! Und es liegt eine ganz frische Mohrrübe drin. Wer die wohl gebaut hat? Kinder, habt ihr das vielleicht beobachtet, wer die Falle gebaut hat? – Was? Der Räuber will den Osterhasen fangen? Er will alle Eier für sich allein haben? Nein, das geht nicht.«

Seppel: »Wir müssen dem Osterhasen helfen, Kasperl.«

Kasperl: »Komm, wir müssen den Osterhasen finden und ihn warnen.«

Kasperl und Seppel laufen hin und her und rufen laut nach dem Osterhasen.

Kasperl und Seppel: »Osterhase, komm schnell her! Du bist in großer Gefahr!«

Kasperl: »Bitte, Kinder, wenn ihr laut mitruft, kann uns der Osterhase sicher besser hören.«

Alle rufen laut nach dem Osterhasen; der Osterhase lugt vorsichtig hinterm Vorhang hervor.

Seppel: »Kasperl, schau – da ist er ja!«

Kasperl: »Tatsächlich. Osterhase, komm zu uns, wir tun dir nichts, im Gegenteil: Wir wollen dich beschützen vor dem Räuber.«

Osterhase: »Kinder, tun die beiden mir auch wirklich nichts?«

Die Kinder beruhigen den Osterhasen.

Kasperl: »Du, Osterhase, die Kinder haben uns erzählt, dass der Räuber dich fangen und alle Ostereier für sich allein haben will.«

Osterhase: »Nein, das ist aber eine Gemeinheit von dem Räuber, das lasse ich nicht zu. Die Kinder warten doch auf mich.

Ich merke schon, ich brauche eure Hilfe! Aber wie wollt ihr mir helfen? Ihr habt doch sicher auch Angst vor dem Räuber!?«

Kasperl: »Natürlich helfen wir dir, und Angst haben wir vor dem Halunken garantiert nicht. Also, aufgepasst, ich habe einen Plan. Die Kinder helfen uns ganz bestimmt, den Räuber zu überlisten, stimmt's? – Das ist aber ganz prima, Kinder. Doch nun aufgepasst. Ich flüstere am besten, damit der Räuber uns nicht hört. Osterhase, du läufst jetzt zu der Falle, springst aber nicht hinein, sondern tust nur so. Dann tust du so, als ob du weinst, damit der Räuber denkt, dass er dich gefangen hat. Wir verstecken uns, und wenn er an der Falle ist, werfen wir uns auf ihn und fesseln ihn mit dem Hüpfseil, das ich dabeihabe. Kinder, ihr könnt uns helfen, indem ihr ruft: ›Komm Räuber, du hast den Osterhasen gefangen.‹ Alles klar, Kinder? Na gut, alle gehen auf ihren Platz.«

Alle gehen ab, nur der Osterhase bleibt und tut so, als ob er weint.

Der Räuber kommt angeschlichen.

Räuber: »Wer ruft denn da so laut, dass der Osterhase gefangen ist? Meinen Käfig habe ich ganz in der Nähe hingestellt. Nun bin ich aber gespannt, ob das auch stimmt. Wirklich, da ist ja der Osterhase! Dieses Jahr gehören alle Ostereier mir!«

Kasperl und Seppel springen auf den Räuber.

Kasperl: »Von wegen, du Halunke! Jetzt haben wir dich gefangen! Du wirst Ostern im Gefängnis verbringen und nur Wasser und Brot bekommen. Seppel, nimm das Seil, fessle den Räuber und bring ihn schnell zur Polizei.«

Seppel bringt den Räuber weg, dieser schimpft laut.

Seppel: »Das hast du jetzt davon. Ab mit dir ins Gefängnis!«

Osterhase: »Ach Kasperl, ich bin dir, dem Seppel und den Kindern ja so dankbar! Was hätte ich nur gemacht, wenn ihr mir nicht geholfen hättet?«

Kasperl: »Ist schon gut, Osterhase. Das haben wir gerne getan.«

Osterhase: »Ich möchte mich bei euch allen herzlich bedanken. Doch nun muss ich weiter Gras und Moos sammeln, damit die Nester bis Ostern auch fertig sind. Tschüs, Kasperl, und bestelle dem Seppel einen schönen Gruß. Tschüs, Kinder, ich wünsche euch viel Freude beim Nestersuchen.«

Der Osterhase geht ab.

Kasperl: »Das war ja wieder eine aufregende Sache. Nun will ich aber schnell zur Polizei und dort den Seppel abholen. Macht's gut, Kinder, bis zum nächsten Mal.«

Kasperl geht singend ab.

Monika Meyer

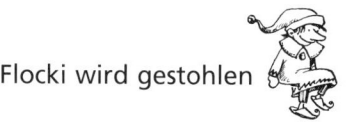

Flocki wird gestohlen

Für zwei Personen

Es spielen mit:
Kasperl, Prinzessin, Hund Flocki, Räuber
Hotzenplotz

Requisiten:
Tuch, Brille, Hut, Schürze, Trillerpfeife,
Schnur

Kulissen:
1. und 3. Akt: Kasperls Wohnstube
2., 4. und 5. Akt: Waldhintergrund oder ei-
nige kleine grüne Äste an einer ge-
spannten Schnur, evtl. Höhlenein-
gang

Inhalt:
Der Räuber stiehlt Flocki, den Hund der
Prinzessin, um ihn als Wachhund für seine
geklauten Schätze einzusetzen. Kasperl und
die Prinzessin befreien den kleinen Hund,
und die Prinzessin erlebt endlich einmal ein
Abenteuer.

Erster Akt: Beim Kasperl

Kasperl: »Tri, tra, trallala ... Hallo, Kinder, wie schön, dass ich euch treffe. Ich bin ja so aufgeregt. Stellt euch vor, die Prinzessin Goldlöckchen will mich besuchen. Sie hat eine Überraschung für mich! Da bin ich aber mal gespannt. Oh, ich glaube, sie kommt. Ja, ich sehe die königliche Kutsche.«

Die Prinzessin kommt.

Prinzessin: »Hallo, Kasperl, hallo, Kinder, ich bin so froh, mal all meinen Prinzessinenpflichten zu entkommen! Knicks hier, Hand zum Handkuss reichen dort, gutes Benehmen den ganzen Tag! Das ist grauenhaft.«

Kasperl: »Du kannst so lange bleiben wie du willst, Prinzessin. Sag mal, ich glaube, du wirst von Tag zu Tag hübscher. Deine Augen sind so blau wie die schönsten Veilchen und dein Haar ist so golden wie Herbstblätter im Oktober, und was für kleine Füße du hast.«

Prinzessin: »Hör auf, Kasperl! Ich kann das alles nicht mehr hören. Ich will nicht nur hübsch sein. Ich bin auch gescheit und nett und mutig, aber das interessiert keinen.«

Kasperl: »Verzeih, Prinzessin, ich wollte dich nicht beleidigen. Ehrenwort, ich verliere von nun an kein Wort mehr über deine Schönheit.«

35

Die Kasperlstücke

Prinzessin: »Kasperl, ich habe dir doch eine Überraschung versprochen. Warte, ich hole sie.«

Die Prinzessin geht ab und kommt mit einer verhüllten Gestalt wieder.

Prinzessin: »Rate, was darunter ist!«

Kasperl: »Ein Schinken?«

Prinzessin: »Nein!«

Kasperl: »Eine Torte?«

Prinzessin: »Nein!«

Kasperl: »Der Seppel würde jetzt einen Korb voller Bratwürste raten. Aber der ist mit der Großmutter und dem Seppel auf dem Trödelmarkt. Ach Prinzessin, ich weiß es ehrlich nicht. Hilf mir doch mal.«

Ein Bellen ist zu hören und ein Hund taucht unter dem Tuch auf.

Prinzessin: »Das ist Flocki, mein Hündchen. Ist es nicht allerliebst?«

Kasperl streichelt Flocki: »Du bist aber ein braver Hund.«

Prinzessin: »Ich darf ihn im Schloss nicht behalten. Er macht zu viel Schmutz. Kann er nicht hier bei dir bleiben, und ich besuche ihn, sooft ich kann?«

Kasperl: »Ein Hund für mich? Auch wenn er nur geliehen ist! Hurra, das ist spitze! Komm doch mit ins Haus! Flocki, du kannst dir inzwischen dein neues Zuhause ansehen.«

Prinzessin und Kasperl gehen ab.

Zweiter Akt: Beim Räuber

Räuber: »Hallo, Kinder, kennt ihr mich? Ich bin der Räuber Hotzenplotz! Ich komme gerade vom Trödelmarkt, da kann man eine Menge Dinge klauen. Seht mal, was ich da geklaut habe: die Brille von der Großmutter, hahaha! Und den Hut vom

Seppel, der hat vielleicht gesucht, hohoho. Von der Gretel habe ich die Schürze stibitzt. Die Schätze verstecke ich jetzt alle in meiner Räuberhöhle. Da liegt schon ein alter Socken vom Seppel, der stinkt aber gewaltig nach Käse. Mein bestes Stück ist die Trillerpfeife vom Wachtmeister. Jetzt kann er nicht mehr pfeifen, wenn er mich sieht! Hohoho! Aber jetzt brauche ich eine Alarmanlage, es gibt so viele Diebe. Mal sehen, was sich findet! Am besten geh ich zum Kasperl, das ist ein alter Tüftler. Da liegt vielleicht etwas Passendes herum.«

Der Räuber geht ab.

Dritter Akt: Beim Kasperl

Flocki springt lustig hin und her und beschnüffelt alles. Der Räuber kommt und beobachtet den Hund.

Räuber: »Mensch, ich habe eine Idee! Ein Wachhund ist noch viel besser als eine Alarmanlage. Und außerdem bin ich dann nicht immer so allein!«

Er schnappt den armen Flocki, der hilflos aufheult, und verschwindet mit ihm. Kurze Zeit später erscheinen Kasperl und die Prinzessin.

Prinzessin: »Ich glaube, Flocki gefällt es hier. Man hört ihn gar nicht mehr. Wo steckt er bloß?«

Kasperl und Prinzessin: »Flocki, Flocki!«

Kasperl: »Das gibt es doch nicht, vorhin hat er doch noch fröhlich gebellt. Kinder, wisst ihr, wo er ist? – Was? Der Räuber hat ihn geklaut? Und die Brille der Großmutter auch? Na warte, alter Schurke, dich kriege ich schon.«

Prinzessin: »So ein gemeiner Kerl! Mein armer Flocki.«

Sie fängt an zu weinen.

Kasperl: »Keine Angst, ich hole Flocki zurück. Nur schade, dass der Seppel nicht da ist. Na ja, dann geh ich eben alleine!«

Prinzessin: »Ich komme mit dir!«

Kasperl: »Aber Prinzessin, der Räuber könnte dich fangen!«

Prinzessin: »Und wenn er zurückkommt? Dann bin ich hier ganz allein!«

Kasperl: »Na gut. Komm, wir gehen!«

Beide gehen ab.

Vierter Akt: Im Wald

Kasperl und die Prinzessin gehen hintereinander.

Prinzessin: »Huch, ist das aber ein dunkler Wald! Kasperl, wie wollen wir denn Flocki befreien?«

Kasperl: »Ich habe schon eine Idee. Du rufst den Räuber und versteckst dich schnell hinter einem Baum. Während er nachschaut, hole ich die gestohlenen Dinge und befreie Flocki! Meinst du, du kannst das, Prinzessin?«

Prinzessin: »Ehrlich gesagt ist mir schon etwas mulmig. Aber ich will endlich mal ein richtiges Abenteuer erleben. Mein Leben im Palast ist todlangweilig!«

Kasperl: »Du hast mehr Mut als der Seppel. Der hätte jetzt schon wieder tausend Gründe gefunden, umzukehren. Sei jetzt leise, Prinzessin, und ihr auch, Kinder. Wir sind gleich da!«

Fünfter Akt: Beim Räuber

Hotzenplotz streichelt Flocki: »Ja, da staunst du, nicht, Moggi? (zu den Kindern) Ich habe dem Moggi, so heißt mein Hund, gerade erzählt, was ich schon alles gestohlen habe, hahaha.«

Flocki bellt aufgeregt, hinter dem Räuber tauchen die Prinzessin und Kasperl auf. Die Prinzessin gibt Flocki ein Zeichen und er ist still.

Räuber: »Hast du jemanden entdeckt?«

Plötzlich hört man ein leises Rufen.

Prinzessin: »Hallo, Räuber Tritzenklotz!«

Räuber: »Wer will mich da ärgern?«

Der Räuber sucht hinter dem Vorhang, Kasperl taucht von der anderen Seite auf. Er geht kurz wieder ab, kommt mit der Brille wieder und versteckt sich. Der Räuber kommt zurück.

Räuber: »Na, du bist mir ein guter Wachhund! Da will mich einer veräppeln und du bellst nicht mal!«

Die Prinzessin kommt wieder hinter dem Vorhang hervor und ärgert den Räuber: »Alter Plotzenhotz!«

Räuber: »Jetzt reicht's!«

Wieder sucht der Räuber den Störenfried, Kasperl holt Seppels Hut. So geht es hin und her, bis Kasperl alle gestohlenen Gegenstände aus der Höhle geholt hat.

Räuber: »Puh, ich bin schon ganz außer Atem. Wer auch immer mich ärgern will, ich kann ihn nicht finden. Hast du auch gut auf meine Schätze aufgepasst, Moggi? Ich schaue lieber mal nach.«

Der Räuber geht ab, Kasperl befreit schnell Flocki und lässt die Leine hängen. Da kommt auch schon der Räuber. Kasperl und Flocki stehen hinter dem gespannten Seil.

Räuber: »Kasperl! Du hast mir meine Schätze geraubt, und jetzt willst du auch noch meinen Hund stehlen. Aber zuerst klaue ich dich!«

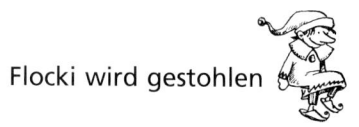

Er springt auf die beiden zu, stolpert über das Seil und fällt hin. Kasperl fesselt ihn mit dem Seil und die Prinzessin kommt.

Prinzessin: »Das sage ich meinem Vater, dem König. Dann kommst du zur Abwechslung mal in den Hungerturm!«

Räuber: »Nein, bitte nicht! Das Gefängnis ist schon schlimm genug, aber der Hungerturm erst!«

Der Räuber weint laut los.

Kasperl: »Das hättest du dir früher überlegen müssen, du Halunke. Klaut alles, was nicht niet- und nagelfest ist. Wo doch jeder weiß, dass Großmutter ohne Brille nichts sehen kann!«

Räuber: »Ich tue es nie wieder, ich versprech's. Bitte bringt mich nur zum Wachtmeister, bitte, bitte!«

Prinzessin: »Na gut, aber beim nächsten Mal landest du im Hungerturm!«

Kasperl: »Jetzt muss er erst einmal eine gehörige Strafe absitzen. Das kann dauern, bis er wieder herauskommt.«

Flocki springt bellend umher und schleckt dem Räuber übers Gesicht.

Räuber: »Seht ihr, Moggi mag mich!«

Prinzessin: »Er heißt Flocki!«

Räuber: »Kasperl, kannst du mich nicht mal mit Flocki besuchen kommen?«

Kasperl: »Na, mal sehen. Jetzt müssen wir schnell die gestohlenen Sachen zurückbringen. Tschüs, Kinder, und danke für eure Hilfe!«

Prinzessin: »Endlich habe auch ich mal ein Abenteuer erlebt. Tschüs, Kinder, und besucht mich mal auf dem Schloss!«

Alle gehen ab.

Silvia Klimke

Die Kasperlstücke

Sommerfest in Kasperldorf

Für zwei Personen

Es spielen mit:
Kasperl, Seppel, Gretel, Wachtmeister Pfannkuchen, Räuber Hotzenplotz

Requisiten:
kleine Kiste mit Luftballons (evtl. können sie am Schluss an die Kinder verteilt werden), eine Schnur, an der einige aufgeblasene Luftballons hängen

Kulissen:
1. und 4. Akt: Dorfplatz mit Häusern und einem Brunnen
2. und 3. Akt: Waldhintergrund oder einige kleine grüne Äste an einer gespannten Schnur

Inhalt:
In Kasperldorf steigt ein großes Sommerfest. Der ganze Marktplatz wird bunt geschmückt. Weil niemand den Räuber eingeladen hat, stiehlt er die Luftballons, die zur Dekoration dienen. Kasperl und Seppel überlisten ihn und retten so das Sommerfest.

Erster Akt: Dorfplatz

Kasperl: »Tri, tra, trallala ... Hallo, Kinder! Na, das ist aber eine Überraschung, dass ihr heute alle in Kasperldorf seid! Habt ihr schon gehört? Wir feiern heute ein großes Sommerfest. Was sagt ihr da? Bei euch im Kindergarten ist auch Sommerfest? Das ist aber ein Zufall! Jetzt verstehe ich auch, warum bei euch alles so schön geschmückt ist! Bei uns soll es auch so bunt werden. Heute Morgen hat der Postbote eine Kiste gebracht. Wartet, ich hole sie schnell. *(schleppt die Kiste herbei)* Puh, ist die schwer! Wollt ihr wissen, was drin ist? Schaut mal, Kinder, so viele Luftballons! Gretel und ich wollen sie nachher aufblasen und hier über unseren Dorfplatz hängen. *(nimmt einen Luftballon und will anfangen)* Ach, da fällt mir ein, ich muss doch noch die Gretel abholen. Habt ihr zufällig schon den Wachtmeister Pfannkuchen gesehen? Nein? Er wollte nämlich auf die Kiste aufpassen! Nicht, dass noch der Räuber Hotzenplotz kommt und sie stiehlt! Dem Gauner traue ich alles zu.«

Seppel kommt verschlafen auf die Bühne und gähnt laut: »Hallo, Kinder, uahh! Hallo, Kasperl! Hat das Sommerfest etwa

schon angefangen, weil so viele Kinder da sind?«

Kasperl: »Nein, Seppel, wir müssen doch erst alles schmücken. Hast du den Wachtmeister Pfannkuchen gesehen?«

Seppel: »Nein, aber auf Pfannkuchen hätte ich schon Lust. Ich habe doch gerade erst gefrühstückt!«

Kasperl: »Nein, Seppel! Ich habe eine bessere Idee. Du wartest hier auf den Pfannkuchen, dann kann ich die Gretel holen!«

Seppel: »Du lässt mir einen Pfannkuchen schicken? Ja, da warte ich natürlich gerne drauf!«

Kasperl: »Doch keinen Pfannkuchen zum Essen!«

Seppel: »Aber Kasperl! Soll ich etwa auf einen Pfannkuchen warten und darf ihn dann nicht mal aufessen? Das ist aber nicht schön von dir!«

Kasperl: »Mach mich nicht närrisch, Seppel! Du sollst hier auf den Wachtmeister Pfannkuchen warten, damit er auf die Luftballons aufpassen kann!«

Seppel: »Ach so! Wie kann man auch Pfannkuchen heißen? Immer wenn ich ihn sehe, bekomme ich Hunger! Hör doch, wie mein Magen knurrt!«

Ein überlautes Knurren ist zu hören.

Kasperl: »Ach Seppel, dass du immer nur ans Essen denken musst!«

Seppel: »Stimmt nicht, ich denke auch oft ans Schlafen. Da fällt mir ein, ich habe mein Nickerchen zwischen Frühstück und Mittagessen noch nicht gemacht. Du siehst, ich kann wirklich nicht auf den Pfannkuchen warten!«

Kasperl: »Na ja, da kann man nichts machen. Dann gibt es eben dieses Jahr kein Sommerfest. Denn wenn wir nicht alles schön schmücken, so wie bei den Kindern hier, dann können wir auch nicht feiern!«

Seppel: »Aber warum soll ich überhaupt auf den Pfannkuchen warten?«

Kasperl: »Er will auf die Kiste mit den Luftballons aufpassen. Sonst stiehlt sie der Räuber Hotzenplotz!«

Seppel ängstlich: »Hotzenplotz?? Also, ich muss jetzt wirklich gehen und mein Schläfchen halten.«

Kasperl: »Das tut mir echt Leid für dich, Seppel! Dann wird's mit den Bratwürsten mit Kartoffelknödeln und mit dem Erdbeereis mit Schlagsahne wohl nichts werden!«

Seppel: »Bratwürstchen? Kartoffelknödel? Aber warum denn nicht?«

Kasperl: »Tja, Seppel, keine Luftballons, kein Sommerfest – kein Sommerfest, keine Bratwürste!«

Seppel: »Keine ...? *(denkt nach)* Kasperl, auf Seppel ist Verlass! Ich passe auf. Geh du nur und hole die Gretel.«

Kasperl: »Seppel, du bist ein feiner Kerl. Also, ich gehe los. Tschüs, bis gleich!«

Kasperl geht ab.

Seppel: »Kinder, ich bin doch wirklich ein toller Kerl, gell? Wisst ihr, der Kasperl ist nämlich mein bester Freund. Er ist zwar nicht so mutig wie ich, aber das ist ja egal. Uah, uah, bin ich aber müde. Ich setzte mich mal zu den Luftballons, dann sehe ich sie besser. Uahh!«

Seppel streckt sich erst, dann setzt er sich hin. Schließlich schläft er ein und schnarcht laut. Der Räuber kommt und hält sich die Ohren zu.

Räuber: »Was ist denn das für ein fürchterlicher Krach? – Was sagt ihr, das ist der Seppel? Der kann ja noch besser schnarchen als ich, der Räuber Hotzenplotz! *(sieht sich um)* Heute ist Sommerfest in Kasperldorf, aber mich wollen sie mal wieder nicht dabeihaben. Niemand kann mich leiden. Dabei bin ich doch gar nicht böse, oder? – Was? Ihr haltet mich auch für böse? Na wartet, ich zeig's euch allen noch! Ich klaue einfach den Seppel, dann müssen ihn alle suchen, keiner kann feiern und ich hab meinen Spaß! Hahaha! Aber was ist denn das für eine Kiste? – Luftballons sind da drin?

Aha, damit wollen sie wohl alles schmücken? Wenn ich die mitnehme, dann haben sie ihr Sommerfest gehabt! Hahaha, das ist noch besser als der Fresssack Seppel!«

Der Räuber schnappt die Kiste und verschwindet lachend. Seppel bekommt nichts mit, auch wenn die Kinder laut rufen. Er schnarcht weiter.

Wachtmeister Pfannkuchen kommt voller Hektik angerannt.

Wachtmeister: »Ach du meine Güte, ich hätte schon längst hier sein müssen. Aber da war ein Unfall. Bauer Rosenkohl ist mit seinem Traktor gegen das Tor zum Schweinestall gestoßen, und alle Schweine sind durch Kasperldorf gerannt. Das war vielleicht eine Arbeit, diese Viecher wieder einzufangen! Ach Kinder, jetzt habe ich vor lauter Schweinereien vergessen, guten Tag zu sagen. Und wer schnarcht denn da so laut? – Was erzählt ihr? Der Seppel ist eingeschlafen und der Räuber hat alle Luftballons geklaut? Aber das ist ja schrecklich! Was mache ich denn nur? Jetzt kann es kein Sommerfest geben! Kommt, Kinder, helft mir mal, den Seppel zu wecken!«

Alle rufen: »Seppel!«

Seppel: »Was soll denn dieser Lärm mitten in der Nacht?«

Wachtmeister: »Seppel, du alte Schlafmütze! Wach endlich auf!«

Seppel: »Oh, hallo, Wachtmeister Pfannkuchen! Apropos Pfannkuchen, jetzt kann ich endlich mein zweites Frühstück einnehmen. Vielleicht Sauerkraut mit Kartoffelbrei? Oder Blumenkohlcremesuppe? Hmm!«

Wachtmeister: »Seppel, weißt du überhaupt, was passiert ist, während du in aller Seelenruhe geschlafen hast?«

Seppel: »Ja, ich habe von halben Hähnchen und Leberkäse geträumt. Ach Herr Pfannkuchen, was freue ich mich auf die Bratwürste nachher!«

Wachtmeister: »Es gibt keine Bratwürste, weil es kein Sommerfest gibt! Hast du das endlich kapiert, du alter Schnarchzapfen? *(Die Stimme des Wachtmeisters wird immer lauter.)* Kann man sich auf dich nie verlassen? Du hast geschlafen und der Räuber hat alle Luftballons gestohlen!«

Seppel fällt vor Schreck auf den Hosenboden, die Hände schlägt er vors Gesicht. Kasperl und Gretel kommen.

Gretel: »Wer schläft an so einem Tag? Hallo, Kinder, wie schön, dass ihr alle zu unserem Sommerfest gekommen seid.«

Kasperl: »Ja, Seppel, warum schaust du denn so dusselig? Und wo hast du unsere Kiste versteckt?«

Wachtmeister: »Stellt euch vor, der Räuber hat alle Luftballons gestohlen!«

Gretel: »Keine Luftballons? Aber ohne Luftballons kann es kein Fest geben! Schaut doch, wie schön die Kinder aus ... *(Name des Ortes oder Kiga)* alles geschmückt haben! So muss es aussehen, wenn man ein Fest feiern will! Ach, wie traurig. Und ich habe mich schon so gefreut.«

Gretel fängt an zu weinen.

Kasperl: »Aber Seppel, du wolltest doch auf die Luftballons aufpassen.«

Seppel: »Ja, weißt du, Kasperl, ich habe zuerst ganz toll aufgepasst, nicht wahr, Kinder? Aber dann bin ich plötzlich so schrecklich müde geworden ...«

Kasperl: »Na schön, das wissen wir schon. Aber wie kam der Hotzenplotz her?«

Seppel: »Das weiß ich nicht, ich habe doch geschlafen. Gretel, hör doch auf zu weinen. Ich bin schuld, und darum geh ich ganz alleine zum Knotzelflotz, äh, zum Hitzelplitz ...«

Kasperl: »Nein, nein, Seppel, ich bin auch mit schuld. Ich hätte wissen müssen, wie gerne du einschläfst. Ich komme mit!«

Wachtmeister: »Aber es sind nur noch zwei Stunden, bis das Fest beginnt!«

Kasperl: »Stimmt, wir haben keine Zeit mehr. Kinder, was können wir tun?«

Kasperl geht auf die Ideen der Kinder ein.

Gretel: »Ich habe eine Idee. Ihr geht zum Hotzenplotz und sagt ihm, dass derjenige einen Preis bekommt, der die meisten Luftballons über den Dorfplatz hängt. Aber aufgeblasen müssen sie schon sein!«

Kasperl und Seppel umarmen Gretel.

Kasperl: »Das ist eine Super-Idee, Gretel. Komm, Seppel, wir machen uns gleich auf den Weg! Der Wachtmeister bleibt hier, damit der Räuber nicht wiederkommt und alle Kuchen klaut!«

Seppel stottert: »Auf zum Hosenknopf!«

Alle gehen ab.

Zweiter Akt: Räuberwald

Seppel versteckt sich hinter Kasperl, schaut sich ängstlich um.

Kasperl: »Seppel, komm doch, das Sommerfest fängt gleich an! Wir sind schon fast da.«

Seppel stottert: »Bei der Räuberhöhle?«

Kasperl: »Klar!«

Seppel: »Kasperl, ich glaub, mir wird schlecht. Also tschüs!«

Kasperl: »Schäm dich, alter Feigling!«

Seppel: »Ich bin kein Feigling, ich muss nur mal. Geh du nur schon weiter, ich kann ja dann nachkommen. Was ist, wenn ich in die Hose mache? Dann lachen mich alle Kinder aus. Hörst du, sie lachen schon. Also, ich komme gleich!«

Seppel versucht davonzuschleichen.

Kasperl: »Ja, ja, ich kenne dich. Dann machst du dich heimlich aus dem Staub! Aber wenn du so alleine durch den Räuberwald schleichst, erwischt dich am Ende noch der Räuber ...«

Seppel: »Warte, Kasperl, ich bleibe bei dir.«

Beide gehen ab.

Dritter Akt: Räuberhöhle

Der Räuber versteckt gerade die Luftballonkiste, als Kasperl und Seppel auftauchen.

Räuber: »Was wollt ihr hier?«

Seppel ängstlich: »Nichts! Wir gehen auch schon wieder! Tschüs!«

Kasperl: »Aber Seppel, wir sind doch extra so weit gelaufen, um den Herrn Hotzenplotz zu unserem Dorffest einzuladen!«

Seppel: »Was? Der Plotzenhotz soll zu unserem Fest kommen?«

Räuber: »Du, werd' bloß nicht frech, sonst sperre ich euch ein!«

Seppel versteckt sich hinter Kasperl.

Räuber: »Ich glaube, euer Fest kann gar nicht stattfinden! Hahaha! Außerdem wollt ihr mich sonst auch nicht dabeihaben, also haut ab!«

Seppel: »Komm, Kasperl, schnell weg von hier.«

Kasperl: »Du hast Recht, Seppel. Sicher will er nichts von dem tollen Preis wissen, den man gewinnen kann!«

Räuber: »Preis? Was für ein Preis?«

Kasperl: »Leider sind alle Luftballons gestohlen worden, die wir über den Dorfplatz hängen wollten. So haben wir beschlossen,

demjenigen einen Preis zu geben, der es schafft, den Dorfplatz noch rechtzeitig zu schmücken. Aber wenn du nicht willst ...!«

Räuber: »Woher sollte ich denn so viele Luftballons haben? *(zu den Kindern)* Das wäre toll! Mit den Luftballons kann ich nichts anfangen, aber mit einem Preis schon!«

Kasperl: »Der Sieger erhält einen ganzen Sack voller Bratwürste!«

Räuber und Seppel: »Was? Einen ganzen Sack voller Bratwürste?«

Räuber: »Da fällt mir ein, ich muss noch ganz eilig etwas erledigen!«

Der Räuber geht ab.

Seppel: »Das finde ich aber gemein! Wo doch der Hotzenklotz alle Luftballons hat! Da kann doch nur er gewinnen. Einen ganzen Sack voller Bratwürste! Davon kann ich nur träumen.«

Kasperl: »Aber Seppel, das ist doch nur der Köder. Es gibt doch gar keinen Preis!«

Seppel: »Du meinst, keine Bratwürste? Ach, das ist aber schade!«

Kasperl: »Doch, Bratwürste gibt es schon, aber keinen Sack voll. Zumindest nicht für diesen Gauner. Jetzt aber nichts wie zurück nach Kasperldorf.«

Beide gehen ab.

Vierter Akt: Dorfplatz

Gretel wartet schon auf ihre Freunde.

Gretel: »Ach Kinder, wo bleiben sie denn? Oh, ich glaube, da hinten sehe ich Kasperls Zipfelmütze! Ja, sie kommen. Bin ich froh! Ihr nicht auch? Wenn nun der Räuber die zwei auch noch geklaut hätte!«

Kasperl und Seppel kommen an.

Kasperl: »Der war viel zu beschäftigt! Er ist voll darauf reingefallen, nicht wahr, Kinder?«

Plötzlich kommt der Räuber und hat eine Leine mit Luftballons dabei, die links und rechts an der Bühne festgemacht werden.

Räuber: »So, ich war der Erste: Ich bekomme den Sack voller Bratwürste!«

Gretel: »Ich hole ihn. (zu den Kindern) Aber nicht den Sack, sondern den Wachtmeister Pfannkuchen!«

Gretel geht ab und kommt mit dem Wachtmeister wieder.

Wachtmeister: »Soso! Hier haben wir ja unseren Luftballondieb! Komm nur mit ins Gefängnis, Hotzenplotz!«

Der Wachtmeister hält den Räuber fest.

Räuber: »Was? Aber wo ist der Preis? Zuerst will ich meinen Sack voller Bratwürste.«

Kasperl: »Wir haben dich hereingelegt, Hotzenplotz. Es gibt keinen Preis!«

Räuber: »Keinen Preis? Aber ich will nicht ins Gefängnis! Keiner kann mich leiden! (fängt an zu weinen) Ich habe die Luftballons nur gestohlen, weil ich nie bei einem Fest dabeisein darf.«

Wachtmeister: »Na gut, weil Sommerfest ist und weil du den Dorfplatz so schön geschmückt hast, darfst du mitfeiern. Aber klau in Zukunft nicht mehr, verstanden?«

Räuber: »Hurra, hurra! Dann darf ich ja doch Bratwürstchen essen!«

Seppel: »Moment mal, Herr Glotzenfritz! Die Würstchen gehören mir!«

Räuber: »Sei vorsichtig, Seppel-Schnarchkopf, sonst klau ich das nächste Mal dich!«

Seppel: »Kasperl, hast du das gehört? Der Glotzfrosch will alle Würstchen essen und mich entführen!«

Gretel: »Keine Angst, es reicht für alle. Kommt endlich zum Essen.«

Seppel und Räuber: »Endlich gibt es Bratwürste.«

Alle: »Tschüs, Kinder.«

Alle gehen ab.

Silvia Klimke

Wanderung durch den Spukwald

Für zwei Personen

Es spielen mit:
Kasperl, Seppel, Gretel, Räuber Klaut-so-
gern, Großmutter

Requisiten:
Rucksack, Würstchen, Seil, kleiner Kuchen,
essbare Goldtaler oder goldene Bonbons,
evtl. kleine Tassen

Kulissen:
1. Akt: Wohnstube zeichnen oder den Vor-
*   hang als Gardine hängen*
2. Akt: Wiesenhintergrund zeichnen oder
*   vor geschlossenem Vorhang spielen*
3. und 4. Akt: Waldhintergrund oder einige
*   kleine grüne Äste an einer gespann-*
*   ten Schnur*

Inhalt:
Kasperl, Seppel und Gretel machen eine
Wanderung und nehmen eine große Vesper-
portion mit. Der Räuber überfällt die Ge-
sellschaft, stiehlt die Würstchen und ent-
führt Gretel, die ihm seine Höhle putzen
soll. Nur mit Hilfe der Kinder überwältigen
Kasperl und Seppel den Bösewicht.

Erster Akt: Bei der Großmutter

Kasperl kommt singend auf die Bühne. Ent-
weder kann er das traditionelle »Tri, tra,
trallala« schmettern oder ein Lied, das zum
Anlass des Spiels passt, zum Beispiel:

Kasperl: »Das Wandern ist des Kasperls
Lust, das Wandern ist des Kasperls Lust,
das Wandern! ... Oh, was sehe ich denn da?
Hier sind ja so viele Kinder! Was macht ihr
denn hier?«

Kinder erzählen, dass sie eine Wanderung
machen, eine kleine Feier haben ...

Kasperl: »Das ist ja ein riesiger Zufall, ich
will nämlich auch eine Wanderung machen!
Heute ist doch so tolles Wetter, da muss
man einfach raus in die Natur, findet ihr
nicht? Aber allein macht das alles keinen
Spaß. Ich werde meinen Freund Seppel fragen, ob er mich begleitet. Nur wird das gar
nicht einfach werden, denn Seppel ist ein
alter Faulpelz. Am liebsten schläft er, oder
er isst. Wie schaffe ich es nur, dass der
Seppel mitgeht? Der Weg, den ich mir aus-
gesucht habe, ist ziemlich weit. Außerdem
führt er durch einen Spukwald, und der
Seppel hat doch immer Angst. Habt ihr eine
Idee?«

47

Kasperl geht auf die Vorschläge der Kinder ein, evtl. ist das Richtige schon dabei.

Kasperl schlägt sich mit der Hand an die Stirn: »Ich hab's! Seppels zweite Lieblingsbeschäftigung ist das Essen. Wenn ich die Großmutter bitte, mir eine Supervesperportion mit Würstchen und Kuchen zusammenzustellen, dann geht er bestimmt mit! Kommt, wir rufen die Großmutter und fragen sie. Eins, zwei, drei: Großmutter!«

Großmutter kommt leise.

Großmutter: »Wer macht denn hier so einen Lärm? Ach, Kasperl, du bist das. Und hier sind ja auch die Kinder, das ist aber schön.«

Kasperl erzählt der Großmutter sein Vorhaben.

Großmutter: »Das ist mir ja gerade recht. Ich gehe nämlich heute auch weg, dann muss ich mir keine Sorgen ums Mittagessen machen. Eine Vesper richte ich euch gerne. Für den Seppel gebe ich extra den Schokoladenkuchen mit, den ich gestern gebacken habe, dann geht er sicher mit. Am besten fange ich gleich an.«

Großmutter geht ab.

Kasperl: »Kinder, jetzt helft mir mal, den Faulpelz zu wecken. Bei Drei rufen wir alle zusammen. Also aufgepasst! Eins, zwei, drei: Seppel!«

Man hört im Hintergrund lautes Schnarchen und verschlafenes Gemurmel.

Kasperl: »So wird das nichts. Ich habe eine Idee, wie man den Vielfraß hierher locken kann. Bei Drei rufen wir so laut wir können: Schokoladenpudding! Also, eins, zwei, drei: Schokoladenpudding!«

Seppel kommt sofort auf die Bühne gerannt und sieht sich hungrig um.

Seppel: »Was, wie, wer? Wo ist Schokoladenpudding?«

Kasperl: »Guten Morgen, Schlafmütze. Sag doch erst mal den Kindern hallo.«

Seppel abwesend: »Hallo, Kinder! Wo ist denn nun der Schokoladenpudding?«

Kasperl lacht: »Aber Seppel, das war doch nur ein Trick, um dich auf die Bühne zu bekommen!«

Seppel: »Waas? Das ist aber eine Gemeinheit, wo ich doch so schön geträumt habe! Ich wollte gerade in ein dickes Leberwurstbrot beißen, da hat es plötzlich Schokoladenpudding gerufen.«

Kasperl: »Ach Seppel! Schau doch mal, hier sind heute die Kinder. Die kannst du nicht jeden Tag sehen, aber essen kannst du immer!«

Seppel: »Essen und Schlafen ist auch das Schönste, was es gibt, nicht wahr, Kinder?

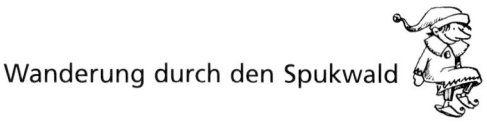

Was, das findet ihr nicht? Ihr seid genauso komisch wie der Kasperl.«

Kasperl: »Seppel, stell dir vor, die Kinder machen heute eine Wanderung (feiern heute ein Fest).«

Seppel: »Gibt es da auch etwas zu essen?«

Kasperl: »Wollen wir nicht auch einen Ausflug machen? Vielleicht eine kleine Wanderung?«

Seppel: »Geh du nur ohne mich, ich muss mein Morgenschläfchen machen, bevor es Mittagessen gibt. Apropos Mittagessen, ich frag mal die Großmutter, was es heute gibt!«

Kasperl: »Ach, wie schade, Seppel. Die Großmutter geht heute zu einem Geburtstag, da kann sie leider nicht kochen.«

Seppel erschrocken: »Waas? Aber ich habe doch Hunger! Kasperl, wie kann uns die Großmutter so etwas antun!«

Seppel rennt hin und her.

Kasperl: »Tja, wenn du mit mir gehen würdest ... aber du willst ja nicht. Gretel kommt sicher mit und hilft mir, die Bratwürste und den Schokoladenkuchen zu essen!«

Seppel: »Bratwürste? Schokoladenkuchen?«

Kasperl: »Ich geh dann mal die Gretel holen!«

Kasperl geht ab, Seppel läuft nach kurzem Zögern hinterher.

Seppel: »Kasperl, warte! Ich komme mit!«

Zweiter Akt: Beim Wandern

Kasperl, Seppel und Gretel wandern.

Gretel: »Hallo, Kinder, ich habe euch noch gar nicht gesehen, weil ich der Großmutter geholfen habe. Stellt euch vor, siebzehn Bratwürstle, drei Leberwurstbrote, drei Äpfel und einen ganzen Schokoladenkuchen habe ich in den Rucksack gepackt. Dazu noch Apfelsaft und Sprudel.«

Seppel: »Das reicht ja gerade für mich. Mensch, Gretel, du hättest ruhig zu Hause bleiben und die Fenster putzen können. Nicht dass du mir noch alles wegisst. *(jammernd)* Wann machen wir denn endlich Pause, ich kann schon nicht mehr!«

Gretel: »Wir sind doch erst vor ein paar Minuten losgegangen!«

Seppel: »Aber ich habe Hunger!«

Kasperl: »Erst im Wald wird gevespert! Gut, dass ich den Rucksack trage!«

Seppel: »W-w-wald? Etwa der, in dem es spuken soll?«

Kasperl: »Ach, das ist doch nur ein Märchen. Wer glaubt schon an Gespenster?«

Seppel stottert: »Ich ja nicht, aber die Gretel hat doch immer solche Angst!«

Gretel: »Dass ich nicht lache! Du machst dir doch mal wieder fast in die Hosen, Seppel!«

Seppel: »P-p-pass bloß auf, du!«

Gretel und Kasperl gehen forsch weiter. Seppel will sich langsam abseilen und bleibt immer weiter zurück.

Kasperl: »He, Seppel! Wo willst du denn hin?«

Seppel: »Ich? Ich komme schon!«

Gretel: »Seppel hat Angst. Seppel ist ein Angsthase!«

Seppel: »Hab ich nicht! Huch, was war denn das?«

Erschrocken versteckt sich Seppel hinter der Gretel.

Kasperl: »Aber Seppel, das war doch nur ein Vogel. Hör nur, wie schön er pfeift!«

Seppel stottert: »Das hört sich aber viel eher nach dem Räuber an!«

Gretel: »Komm, Seppele, ich nehme dich bei der Hand. Zu zweit geht es besser!«

Sie wandern weiter. Seppel erschrickt bei jedem Geräusch und will sich verstecken, aber Gretel zieht ihn mit.

Dritter Akt: Im Spukwald

Kasperl: »Endlich sind wir im Wald! Jetzt machen wir gleich Pause!«

Seppel: »O ja, Pause. Ich verhungere fast!«

Wieder pfeift es, diesmal ist es aber kein Vogel.

Seppel: »Also, die Vögel zwitschern aber fröhlich heute!«

Plötzlich steht der Räuber vor ihm. Seppel schreit laut auf, der Räuber versteckt sich schnell.

Kasperl: »Was ist denn jetzt wieder, Seppel!«

Seppel stottert aufgeregt: »Der Räuber! Der Räuber!«

Gretel lacht.

Kasperl: »Wo denn, Seppel?«

In diesem Moment taucht der Räuber hinter Kasperl auf, verschwindet jedoch sofort wieder.

Seppel stottert ängstlich: »Da ist er doch! Hilfe, Hilfe, ich will nach Hause!«

Kasperl: »Seppel, willst du mich veräppeln?«

Räuber: »Hahaha, wen haben wir denn hier?«

Alle drei erschrecken sehr und jeder versucht, sich hinter dem anderen zu verstecken. Das gibt ein heilloses Durcheinander, bis Kasperl wieder vorne steht und den Rucksack hochhält.

Räuber: »Hmm, was rieche ich denn da? Würstchen! Ich liebe Würstchen! Was ist noch alles in dem Rucksack? Gib her!«

Aber ehe Kasperl den Rucksack übergeben kann, reißt Seppel ihn an sich.

Seppel: »Nein! Ich gebe die W-w-würstchen nicht her! Darauf habe ich mich schon den ganzen Tag gefreut!«

Räuber: »Her damit, oder ich werde ungemütlich. Ich bin der Räuber Klaut-so-gern!«

Seppel: »Du Räuber, du! Auch wenn du Mandelstern heißt, die Würstchen gehören mir!«

Räuber: »Nicht Mandelstern, Klaut-so-gern.«

Seppel: »Zwetschgenkern!«

Räuber: »Klaut-so-gern!«

Seppel: »Kleiner Klecks!«

Der Räuber wird immer wütender und zieht seine Pistole: »Jetzt reicht's! Gib den Rucksack her! Und die Gretel nehme ich gleich mit. Meine Räuberhöhle muss mal wieder geputzt werden!«

Nun hat Seppel doch Respekt und gibt den Rucksack frei.

Gretel: »Was soll das? Ich bin doch keine Putzfrau, und außerdem kann heute jeder moderne Mann selber putzen und waschen.«

Räuber: »Neumodisches Zeug, komm mit!«

Kasperl: »He, Räuber, lass sofort unsere Gretel los, sonst, äh, sonst ...«

Der Räuber fuchtelt mit der Pistole und lacht: »Was sonst? Hehehe, los, komm!«

Räuber und Gretel gehen ab.

Seppel: »Oje, die schönen Würstchen und die leckeren Leberwurstbrote! Und erst der Schokoladenkuchen! Was soll ich denn jetzt tun?«

Kasperl: »Seppel, schäm dich! Denkst du denn gar nicht an die arme Gretel?«

Seppel: »Doch, aber am meisten tun mir die Würstchen Leid. He, Kasperl, guck doch mal! Hier liegt ja ein Würstchen. Da hat der Räuber Klickselklacks eins verloren!«

Kasperl: »Weißt du, Seppel, als du mit dem Räuber so gestritten hast, habe ich schnell ein Loch in den Rucksack geschnitten. Jetzt müssen wir nur noch den Würstchen folgen, die waren nämlich ganz unten drin.«

Seppel nimmt die Wurst und beißt hinein.

Vierter Akt: Bei der Räuberhöhle

Gretel putzt. Der Räuber sitzt faul da und packt den Rucksack aus.

Räuber: »Hmm, Schokoladenkuchen! Hmm, schmeckt der lecker! So einen backst du gleich nochmal, Gretel.«

Gretel: »Den hat die Großmutter gebacken. Ich kann gar nicht backen, und kochen auch nicht!«

Räuber: »Waas? Dann musst du es eben lernen! – Nanu, nur ein Würstchen?«

Gretel: »Aber ich hatte doch siebzehn Stück eingepackt!«

Räuber: »Kasperl hat mich hereingelegt! Ja, hier ist ein Loch im Rucksack!«

Gretel sieht Kasperl und Seppel, die hinter dem Räuber auftauchen, sich aber gleich wieder verstecken.

Gretel: »Das war bestimmt der Seppel! Er hat die ganze Wanderung hindurch gekaut und gar nicht gemurrt. Sicher hat er alle Würstchen aufgegessen!«

Räuber: »Uahh, bin ich müde, ich muss jetzt erstmal schlafen! Aber dich binde ich fest, nicht dass du noch davonläufst.«

Der Räuber fesselt Gretel und geht ab. Kasperl und Seppel kommen.

Kasperl: »Das mit dem Seppel war eine gute Idee, Gretel. Wenigstens schöpft der alte Ganove keinen Verdacht!«

Seppel stottert: »Los, nichts wie weg hier. Wenn der Räuber Pupst-so-gern kommt, macht er Hackfleisch aus uns!«

Kasperl bindet Gretel los.

Gretel: »Wir müssen ihn zum Wachtmeister bringen, sonst klaut er bei der nächsten Gelegenheit wieder!«

Kasperl: »Du hast Recht, Gretel! Aber wie stellen wir es an? Kinder, habt ihr eine Idee?«

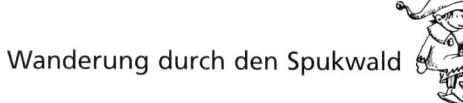

Kasperl reagiert auf die Antworten der Kinder.

Gretel: »Ich weiß, wie wir's machen. Aber dazu brauchen wir eure Hilfe, Kinder. Bei Drei müsst ihr den Räuber rufen, so laut ihr könnt. Kasperl und Seppel verstecken sich. Hier legen wir mit dem Seil eine Schlaufe auf den Boden. Sobald Klaut-so-gern darauf tritt, müsst ihr ›Los!‹ rufen. Kasperl zieht dann am anderen Ende und der Räuber ist gefangen.«

Kasperl: »Das ist spitze, Gretel! Aber, Seppel, du musst dem alten Kerl noch den Rucksack über den Kopf stülpen, damit er sich nicht mehr befreien kann.«

Seppel stottert: »Ich? Ich geh doch nicht so nah zu dem Gockelhahn!«

Gretel: »Aber Seppel, er hat deinen ganzen Schokoladenkuchen aufgegessen!«

Seppel: »Oh, so ein Halunke. So ein böser Kerl. Mein schöner Kuchen. Na warte! Dem zeig ich es!«

Kasperl legt mit dem Seil eine Schlaufe. Gretel stellt sich dahinter. Kasperl und Seppel gehen ab, Kasperl nimmt das Seilende mit.

Gretel: »So, Kinder, ihr wisst doch noch, bei Drei! Eins, zwei, drei: Räuber!«

Der Räuber kommt verschlafen und schimpfend.

Räuber: »Was soll denn dieser Lärm? Wie hast du dich befreit? Warte nur, ich fessle dich fester. Das war aber lieb von euch, Kinder, mich zu rufen!«

Der Räuber tritt auf die Schlinge. Die Kinder rufen: »Los!« *Kasperl zieht, der Räuber fällt, Seppel stülpt ihm den Rucksack über und Gretel hilft Kasperl, das Seil festzuknoten.*

Räuber: »Hilfe, Hilfe!«

Seppel: »Meinen Schokoladenkuchen aufessen, du Kratzel-Fatzel!«

Kasperl: »Jetzt bringen wir dich zum Wachtmeister, alter Schurke!«

Gretel: »Vielen Dank für eure Hilfe, Kinder!«

Kasperl: »Ja, Kinder, ohne euch hätten wir den Räuber bestimmt nicht gefangen! Aber jetzt noch viel Spaß bei eurer Wanderung (eurem Fest)!«

Alle: »Und tschüs bis zum nächsten Mal!«

Alle gehen ab.

Silvia Klimke

Die Hexe zaubert den Sommer weg

Erster Akt: Beim Kasperl

Kasperl singt auf die Melodie »Lustig ist das Zigeunerleben«: »Lustig ist dieses Sommerleben, faria, faria, ho. Würde es nie wieder Kälte geben, faria, faria, ho. Hallo, Kinder, ihr seid ja heute hier! Ich dachte, ihr wäret alle im Freibad. Ich will nachher mit der Gretel und dem Seppel zum Badesee gehen. Gretel richtet uns nur noch eine Vesper. Ihr wisst ja, der Seppel hat immer einen Bärenhunger.«

Gretel kommt aufgeregt herein.

Gretel: »Kasperl! Oh, hallo, Kinder, ihr seid auch da! Kasperl, schau doch mal aus dem Fenster!«

Kasperl: »Das ist aber dunkel! Kommt etwa ein Gewitter? Ich schaue mal nach.«

Kasperl geht ab.

Gretel: »Wir wollen nämlich zum Badesee, aber wenn es regnet, können wir nicht gehen.«

Kasperl kommt zurück und zittert am ganzen Körper.

Kasperl: »Brrr, ist das kalt! Gretel, draußen schneit es!«

Gretel: »Aber Kasperl, wir haben August, da kann es doch nicht schneien!«

Kasperl: »Wenn ich es doch sage. Es ist eisig kalt, die Blumen lassen schon die Köpfe hängen. Wenn es so bleibt, dann erfrieren sie.«

Gretel: »Das kann doch nicht wahr sein. Kasperl, ich gehe mal zum Wachtmeister Glöcklein und sehe, was er machen kann. Also, bis gleich!«

Gretel geht ab, Seppel kommt mit Schnee auf der Mütze (etwas Watte darauf verteilen).

Seppel: »Kasperl, schau dir das an! Hallo, Kinder! Stellt euch vor, ich liege im Garten unter dem Apfelbaum und träume von den reifen Äpfeln. Plötzlich werden die Äpfel zu Schneeflocken und fallen mir auf den Kopf. Aber da erkenne ich, dass es wahr ist. Ich bin voller Schnee. Hu, ist mir kalt!«

Kasperl: »Das geht nicht mit rechten Dingen zu. Komm, Seppel, wir prüfen das mal nach.«

Beide gehen ab.

Zweiter Akt: Im Hexenhaus

Hexe: »Hihihi! Draußen schneit es! Ist das nicht witzig? Schnee mitten im August! Na, wer seid ihr denn? Ach, die Kinder vom Kindergarten ...! Ich bin die Hexe Hutzel-gnom und ich liebe es, Schabernack zu treiben. Wenn alle verwirrt durch die Gegend rennen und nicht wissen was los ist, dann könnte ich mich glatt totlachen. Hihihi! Letzte Woche habe ich dem Wachtmeister Glöcklein eins an den Allerwertesten gehext – ein Glöckchen meine ich. Was glaubt ihr, was der alles angestellt hat, um es wieder loszuwerden! Zuerst hat er dran gezogen, aber dabei ist seine Hose zerrissen. Er bekam einen roten Kopf und traute sich nicht mehr aus dem Haus. Dann ist die Gretel gekommen und hat ihm seine Hose geflickt. Nun hört man ihn schon von weitem. Hihihi, ich liebe Streiche!«

Die Hexe läuft vergnügt auf der Bühne herum.

Hexe: »Heute war es mir viel zu heiß, da konnte ich nicht nachdenken. Außerdem muss ich unbedingt den neuen Schlitten ausprobieren, den mir meine Tante, die Hexe Ritzelfritzel, geschenkt hat. Sie meinte zwar, ich solle bis zum nächsten Winter warten, aber das dauert noch viel zu lange. So habe ich kurzerhand den Sommer weggezaubert. Habt ihr den faulen Seppel gesehen? Bis der gemerkt hat, dass es schneit, war er schon ein Schneeberg. Hihihi! Ich habe mich auf dem Apfelbaum versteckt. So, und jetzt gehe ich auf den Hui-Berg und rase mit dem Schlitten runter.«

Die Hexe geht ab.

Dritter Akt: Im Garten

Kasperl und Seppel haben warme Schals um.

Kasperl: »Es ist schon alles weiß, Seppel. Und eiskalt! Gut, dass Gretel unsere Schals gefunden hat.«

Seppel nimmt eine Kugel und wirft sie nach Kasperl.

Kasperl: »He, Seppel, was soll denn das?«

Seppel: »Komm, Kasperl, wir machen eine Schneeballschlacht!«

Kasperl: »Seppel, das machen wir im Winter, doch nicht mitten im August. Ach, wenn ich nur wüsste, wer das gemacht hat! – Was sagt ihr da, Kinder? Die Hexe Hutzelgnom hat den Sommer weggehext, weil sie Schlitten fahren will? Ihr seid wirklich toll! Seppel, hast du das gehört? Komm, wir gehen sofort in den Hexenwald!«

Seppel: »Hexenwald? Nein, nein, da kann ich nicht mit. Ich lass mich doch nicht verhexen, Kasperl! Brrr, mir ist ja so kalt!«

Kasperl: »Wir müssen aber gehen. Sonst kommt der Sommer nie zurück. Ich muss mir etwas überlegen, wie wir die Hexe reinlegen. – Ich hab's!

Wir sagen, sie kann den Sommer nicht zurückhexen. Nun komm schon, Seppel!«

Seppel: »Also gut, aber nur weil ich zum Badesee gehen will!«

Beide gehen ab.

Vierter Akt: Im Hexenwald

Immer wieder fallen Schneeflocken auf Kasperl und Seppel, eine leise Musik spielt im Hintergrund (Glockenspiel).

Seppel: »Kasperl, ich friere so. Ist es noch weit?«

Kasperl: »Nein, sieh nur, da hinten ist schon der Hexenberg. Ich sehe schon die Hexe Hutzelgnom, die mit dem Schlitten fährt. Aha, deshalb hat die sich einfach den Winter geholt! Kinder, helft mir mal, die Hexe zu rufen. Eins, zwei, drei: Hexe!«

Hexe: »Wer ruft denn da so laut? Hihihi – der Kasperl und der Seppel! Wollt ihr mit mir Schlitten fahren?«

Kasperl: »Aber Hutzelgnom, es ist doch August. Wir wollten eigentlich zum Badesee.«

Seppel: »Ja, und die Gretel hat uns ein tolles Vesperpaket gerichtet. Ein richtiges Picknick wollten wir machen, aber jetzt schneit es, wegen dir!«

Hexe: »Na, dann macht doch eine Schneeballschlacht.«

Kasperl: »Die machen wir lieber im Winter. Kannst du den Sommer überhaupt zurückhexen?«

Seppel: »Ha, das glaub ich nicht. Die Furzelschnopf kann doch nur herzaubern, das weiß doch jeder!«

Hexe: »Du, ich hexe dir gleich Eselsohren an deine Nase!«

Seppel versteckt sich hinter Kasperl.

Kasperl: »Stimmt es, dass du nie den Hexenspruch weißt, mit dem man etwas wieder zurückhexen kann?«

Hexe: »Ja, leider! Ich versuche es zwar immer, aber meistens klappt es nicht.«

Kasperl: »Hutzelgnom, denk doch mal an die Blumen und an die Vögel. Sie müssen alle erfrieren!«

Hexe: »Ojemine! Daran habe ich gar nicht gedacht! Also gut, ich versuche es: Hitzel, Knitzel, Pfeifenschnitzel, Sommer komme schnell zurückzel!«

Es schneit weiter. Außerdem muss Seppel plötzlich immer auf und ab hüpfen.

Seppel: »Hilfe, Kasperl! Hilf mir doch!«

Hexe: »Vielleicht geht es, wenn mir die Kinder helfen. Wollt ihr das tun, Kinder? Also, ich sage jetzt den Hexenvers. Ihr müsst nach dem letzten Satz aufstehen und euch drei Mal um euch selbst drehen, in die Hände klatschen und dabei laut rufen: Hexenworte, Wahrheit werden! Alles klar? Na dann los!«

Die Hexe hält die Arme hoch und konzentriert sich. Es muss absolute Stille herrschen.

Hexe: »Schribbel, schrabbel, Schneegewabbel! Grille, Wille, Flockenkeck, Sommer kommt und Schnee geht weg!
Jetzt schnell aufstehen, drei Mal drehen, in die Hände klatschen und rufen: Hexenworte, Wahrheit werden!«

Es hört auf zu schneien, aber Seppel hüpft immer noch.

Seppel: »Hutzelfrosch, ich will nicht mehr hüpfen!«

Kasperl: »Endlich scheint die Sonne wieder und es wird warm. Sag mal, Hutzelgnom, willst du nicht mit an den Badesee? Dann kannst du unterwegs dem Seppel das Hüpfen wieder weghexen!«

Hexe: »Das ist eine gute Idee! Danke für eure Hilfe, Kinder, ohne euch hätte ich es wieder nicht geschafft. Ich werde jetzt besser aufpassen, was ich hexe, versprochen! Tschüs!«

Seppel hüpfend: »Tschüs, Kinder. Hoffentlich hüpfe ich beim nächsten Mal nicht mehr!«

Kasperl: »Tschüs! Die Hexe Hutzelgnom und wir gehen jetzt baden, die Gretel wird sich freuen!«

Alle gehen ab.

Silvia Klimke

Die verzauberte Schultüte

Für eine oder zwei Person(en)

Es spielen mit:
Kasperl, Gretel, Hexe Fliegenpilz

Requisiten:
kleine Schultüte, Banane, kleiner Besen, Tamburin

Kulissen:
nicht erforderlich

Inhalt:
Gretel weint, als ihre Schultüte sich plötzlich in eine Banane verwandelt. Es ist die Strafe der Hexe Fliegenpilz dafür, dass Gretel ihr den unglücklichen Hexenbesen »Besi« weggenommen und von seinem Zauberbann befreit hat. Zum Glück hat Gretel die Strafe vorhergesehen und sich noch eine zweite Schultüte besorgt. So kann die Schule beginnen.

Kasperl: »Tri, tra, trallala ... der Kasperl ist heut wieder da! Hallo, Kinder! Ich bin gerade auf dem Weg zur Gretel. Sie will mir nämlich ihre neue Schultüte zeigen. Gretel kommt bald in die Schule. – Was? Ihr auch? Ihr habt heute Kindergartenabschluss-fest (Schulanfängerfest, Sommerfest)? Das ist ja toll! Ach, da kommt auch die Gretel.«

Gretel kommt mit der Schultüte: »Hallo, Kasperl, hallo, Kinder! Schaut doch mal meine Schultüte, ist sie nicht wunder-schön?«

Kasperl: »Ja, die ist wirklich toll!«

Gretel hält die Schultüte hoch. Plötzlich ertönt ein lauter Gongschlag (Tamburin), die Schultüte ist weg und Gretel hält eine Banane in der Hand. (Man kann kurz den Vorhang schließen oder Gretel dahinter verschwinden lassen.)

Kasperl: »Nanu? Was war denn das?«

Gretel: »Ich weiß es auch nicht, Kasperl. (sieht die Banane und erschrickt) Kasperl! Wo ist denn meine Schultüte?«

Kasperl: »Das gibt es doch nicht! Heidebim und Sapperment! Wo kommt denn plötzlich die Banane her?«

Gretel: »Ich weiß nicht, aber meine Schultüte ist weg!«

Sie beginnt zu weinen. Kasperl sucht die Tüte überall.

Kasperl: »Das sieht mir sehr nach faulem Zauber aus. Da steckt doch sicher die Hexe Fliegenpilz dahinter!«

Gretel: »Aber warum sollte sie so etwas Gemeines tun? Huhu!«

Kasperl: »Keine Angst, Gretel! Die Tüte kriegen wir schon wieder! Kinder, ich brauche eure Hilfe. Gretel und ich verstecken uns, und ihr ruft die Hexe Fliegenpilz. Die Banane legen wir hierher, dann werden wir bald erfahren, ob die Hexe dahintersteckt. Also, eins, zwei, drei: Hexe Fliegenpilz!«

Kasperl und Gretel verstecken sich hinter dem Vorhang. Die Hexe kommt.

Hexe: »Wer ruft mich? Ach, ihr seid es, Kinder! Da liegt ja die Banane! Hihihi! Das war mal Gretels Schultüte!«

Kasperl kommt aus dem Versteck.

Kasperl: »Das dachte ich mir, dass du dahinter steckst!«

Hexe: »Hihihi! Da dachtest du richtig, Kasperl!«

Kasperl: »Gretel ist so traurig. Sie möchte doch in die Schule gehen!«

Hexe: »Sie ist ein böses, unartiges Mädchen!«

Kasperl: »Wer, Gretel? Gretel ist das freundlichste Mädchen, das ich kenne!«

Hexe: »So? Mir hat sie aber etwas gestohlen!«

Kasperl: »Da verwechselst du sie sicher! Gretel würde niemals stehlen! Komm, frag sie selber. Nanu, wo ist sie denn?«

Hexe: »Siehst du, sie ist weg! Sie hat wohl ein schlechtes Gewissen. Ich sag dir, was passiert ist. Letzte Woche ging ich spazieren. Meinen Besen ließ ich zu Hause. Als ich wieder zurückkam, war mein Besen verschwunden. Natürlich wollte ich ihn sofort wieder herzaubern, aber er gehorchte nicht mehr. Ich ging ins Dorf, um einen neuen zu kaufen, und wen sah ich da? Die Gretel mit meinem Besen! Sie hat meinen Besen gestohlen, und darum bleibt ihre Schultüte eine Banane! Basta!«

Die Hexe geht ab.

Kasperl: »Das verstehe ich nicht! Gretel! Gretel, komm doch mal!«

Gretel kommt mit einem kleinen Besen.

Gretel: »Ist die alte Schrumpelhexe weg? Schau, Besi, du musst keine Angst mehr haben! (beugt sich zu dem Besen) Du musst nicht mehr zu der alten grässlichen Hexe zurück!«

Kasperl: »Kannst du, mir mal erklären, was das alles soll? Ist das etwa wirklich der Besen der Hexe?«

Gretel: »Weißt du, Kasperl, das war so: Letzte Woche habe ich der Großmutter zum Geburtstag einen Strauß Blumen gepflückt. Erinnerst du dich?«

Kasperl: »Ja, die waren besonders schön!«

Gretel: »Ich habe mich in den Hexenwald geschlichen und gewartet, bis die Hexe Fliegenpilz spazieren ging. Sie kann es doch nicht leiden, wenn man in ihrem Wald Blumen pflückt. Und als ich fast fertig war, hörte ich plötzlich ein klägliches Weinen. Es kam aus dem Hexenhaus.«

Kasperl: »Du bist doch nicht etwa hineingegangen?«

Gretel: »Doch!«

Kasperl: »Aber Gretel, das war sehr leichtsinnig von dir. Stell dir vor, die alte Fliegenpilz hätte dich erwischt! Sie hätte dich in eine Maus verhext!«

Gretel: »Mir schlug das Herz auch bis zum Hals. Doch dann sah ich Besi! Er war an einen Stuhl gebunden und weinte so herzzerreißend. Ich habe ihn einfach mitgenommen!«

Kasperl: »Dann hat die Hexe also Recht! Du hast ihren Besen gestohlen!«

Gretel: »Nein! Ich habe ihn befreit, nicht wahr, Besi?«

Sie schmiegt sich zärtlich an den Besen.

Kasperl: »Aber wie kam es, dass sie ihn nicht zurückhexen konnte?«

Gretel: »Ich war bei meiner Freundin, der Hexe Hutzelgnom, und die hat ihn von seinem Knechtdasein befreit! Nun kann ihn die Hexe Fliegenpilz nie mehr quälen!«

Kasperl: »Und was wird jetzt mit deiner Schultüte?«

Gretel: »Meine richtige Schultüte ist zu Hause! Die Hexe Hutzelgnom hat mich nämlich schon gewarnt, dass die Hexe Fliegenpilz mir einen gemeinen Streich spielen würde. So haben wir ihr eine Falle gestellt, damit sie denkt, es wäre ihr gelungen!«

Kasperl: »Du meinst, es war alles so geplant?«

Gretel: »Genau! Jetzt ist die Fliegenpilz zufrieden, und Besi und ich auch!«

Kasperl fängt an zu lachen: »Du hättest mich ruhig einweihen können! Die Idee könnte von mir sein! Wenn ich an die alte Fliegenpilz denke, könnte ich mich glatt totlachen! (streichelt den Besen)* Du bist aber auch ein nettes Besi. Bei der Gretel geht es dir gut!«

Gretel beugt sich wieder zum Besen: »Er mag dich, Kasperl, und euch auch, Kinder. Und nun, Kasperl, willst du doch sicher meine richtige Schultüte sehen?«

Kasperl: »Na klar! Also tschüs, Kinder!«

Gretel: »Tschüs!«

Beide gehen ab.

Silvia Klimke

Der gestohlene Drachen

Für eine oder zwei Person(en)

Es spielen mit:
Kasperl, Seppel

Requisiten:
Drachen (aus Fotokarton, Schleife aus Transparentpapier), Glockenspiel

Kulissen:
nicht erforderlich. Wer möchte, kann einige bunte Herbstbäume zeichnen oder einzelne gepresste Blätter aufkleben.

Inhalt:
Kasperl vermisst seinen Drachen und hat gleich den Seppel in Verdacht, diesen unerlaubt genommen zu haben. Seppel will nicht zugeben, dass er tatsächlich den Drachen verloren hat. Aber Kasperl greift zu einer List, und da erweist sich Seppel doch als guter Freund.

Kasperl: »Tri, tra, trallala ... der Kasperl ist im Herbst heut da. Hallo, Kinder, ist das heute ein Wind! Da weht es die Blätter von den Bäumen. Aber ich warte schon lange auf so einen richtigen Herbststurm. Da kann ich endlich meinen neuen Drachen ausprobieren. Ich habe ihn selbst zusammengebas-

telt und bin neugierig, ob er auch fliegt. Wartet, ich hole ihn schnell.«

Kasperl geht ab. Seppel kommt, reckt und streckt sich.

Seppel: »Uah, bin ich noch müde! Hallo, Kinder, wisst ihr, wo der Kasperl steckt? – Ach so, der sucht seinen neuen Drachen. (erschrickt) Was? Oje!«

Kasperl kommt wieder, ohne Drachen.

Kasperl: »Sag mal, Seppel, hast du meinen neuen Drachen gesehen? Ich hatte ihn doch in den Schuppen gelegt!«

Seppel: »Äh, nein, Kasperl, den habe ich ja schon ewig nicht gesehen!«

Kasperl: »Aber Seppel, heute Morgen war er doch noch da. Du wirst ihn doch nicht heimlich genommen haben? Ich weiß, wie gerne du ihn steigen lassen würdest!«

Seppel: »Ich? Neiiin! Ich doch nicht! Da fällt mir ein, heute Morgen sah ich den Räuber Potzengrotz im Dorf. Sicher hat er deinen Drachen gestohlen!«

Kasperl: »Wie willst du denn den Räuber gesehen haben? Du warst doch den ganzen Morgen im Bett!«

Seppel: »Äh, ja, äh, zwischen meinem Morgennickerchen und meinem Mittagsschlaf war ich mal kurz im Dorf. Und was glaubst du, wer mir da frech entgegenkam? Der Räuber Klautzenbraus!«

Kasperl: »Hotzenplotz heißt er! Ich weiß nicht, Seppel, das klingt alles so komisch. Aber ich werde mal die Gretel fragen, vielleicht weiß die etwas!«

Seppel: »Aber die Gretel ist gar nicht da! Sie ist, äh, beim Kaffeekränzchen ... ja, genau, beim Kaffeekränzchen! Jetzt muss ich aber gehen! Tschüs, Kasperl.«

Seppel verschwindet schnell.

Kasperl: »Warum benimmt sich der Seppel so komisch? Könnt ihr das verstehen, Kinder? – Was meint ihr? Er hat den Drachen gestohlen? Nein, das glaube ich nicht. Aber das mit dem Räuber stimmt auch nicht. Ich will mal sehen, ob ich nicht eine Spur finde. Bin gleich wieder da.«

Kasperl geht ab, Seppel kommt.

Seppel: »Ist der Kasperl weg? Hoffentlich sieht er mich nicht! Ich muss mich vor ihm verstecken! Am besten im Schuppen, da findet er mich nicht.«

Seppel versteckt sich, Kasperl kommt.

Kasperl: »Seht mal, Kinder, was ich an Seppels Schuhen gefunden habe: eine Schleife von meinem Drachen! Das hab ich

mir doch gleich gedacht: Dieser Schelm hat ihn steigen lassen, und dabei ist er kaputtgegangen. – Was, Seppel hat sich im Schuppen versteckt? Warte nur, Bürschchen, dich legen wir rein. Kinder, könnt ihr mir helfen? Ich verstecke mich hier, und ihr ruft den Seppel. Dann erzählt ihr ihm, ich hätte mich allein auf den Weg gemacht, um dem Räuber meinen Drachen abzunehmen. Ihr sagt, der Räuber wäre eben hier gewesen und hätte euch seine neue Pistole gezeigt. Wir wollen mal sehen, ob der Seppel nicht doch ein guter Kerl ist! Alles klar? Eins, zwei, drei ...«

Die Kinder rufen Seppel, Kasperl versteckt sich hinter dem Vorhang.

Seppel: »Ich komme schon, was ist denn los? Ist der Kasperl auch nicht da? – Was sagt ihr da? Der Kasperl geht zum Räuber Knitzelfutz? Und der war mit einer Pistole da? Aber ... aber ... aber wenn der Kasperl seinen Drachen von ihm will, dann schießt

er womöglich auf ihn! Mein armer Kasperl, mein bester Freund! Kinder, wisst ihr was? Der Räuber hat gar nicht Kasperls Drachen gestohlen. Ich habe ihn genommen. Heute Morgen, schon ganz früh! So gerne wollte ich ihn steigen lassen, dass ich freiwillig aufgestanden bin. Kasperl hat mir nämlich verboten, seinen Drachen zu nehmen. Das fand ich gemein! Der Drachen ist ganz hoch in die Luft gestiegen, das war so schön, aber dann hat ihn der Wind mitgenommen. Er wackelte noch fröhlich hin und her, und dann war er weg. Hätte ich dem Kasperl nur die Wahrheit gesagt! Jetzt erschießt ihn der Räuber und ich bin schuld! *(schlägt die Hände vors Gesicht und weint bitterlich)* Huhu, huhu! Aber ich werde ihm helfen! Ich gehe zum Räuber und rette meinen Kasperl!«

Da erscheint Kasperl und streichelt den weinenden Seppel: »Ist ja schon gut, Seppel. Ich bin doch hier!«

Seppel: »Kasperl! Du bist hier? War der Räuber nicht daheim?«

Kasperl: »Ich war gar nicht beim Räuber, ich war die ganze Zeit hier. Das mit dem Räuber habe ich mir ausgedacht, um dir einen Streich zu spielen.«

Seppel: »Jetzt fällt mir aber ein Stein vom Herzen, Kasperl. Ich dachte schon, der Räuber erschießt dich!«

Kasperl: »Ich wollte dich nicht so sehr ängstigen. Nur so ein klitzekleines bisschen vielleicht! Ich habe mir doch gleich gedacht, dass du den Drachen genommen hast. Aber ich schäme mich wegen dem Streich!«

Seppel: »Dann bist du nicht böse?«

Kasperl: »Nein, Seppel, wir bauen einfach einen neuen Drachen!«

Im Hintergrund ertönt ein klingendes Geräusch (Glockenspiel) und der Drachen landet vor den Füßen der beiden.

Kasperl: »Mein Drachen! Der Wind hat ihn geradewegs hierher getragen. Ist das nicht toll, Kinder?«

Seppel: »Kasperl, darf ich mit zum Drachensteigen?«

Kasperl: »Klar, Seppel! Du bist doch mein bester Freund, das hast du mir sogar bewiesen. Dass du ganz allein zum Räuber gegangen wärst, um mich zu retten, das war schon ein echter Freundschaftsbeweis! So, jetzt aber nichts wie raus aufs Feld. Tschüs, Kinder, und danke!«

Seppel: »Tschüs!«

Beide gehen ab.

Silvia Klimke

Gretel ist es viel zu laut

Für zwei Personen

Es spielen mit:
Kasperl, Seppel, Gretel

Requisiten:
Trompete, Trommel oder Tamburin, Schlegel
(Geräusche auf Kassette aufnehmen oder
von einer Person im Hintergrund spielen
lassen)

Kulissen:
nicht erforderlich

Inhalt:
Kasperl hat eine Trompete geschenkt be-
kommen und möchte sein Instrument aus-
probieren. Auch Seppel hat ein Krachma-
cherinstrument: eine Trommel. Den ganzen
Tag machen sie Radau. Gretel ist schon
ganz verzweifelt. Mit Hilfe der Kinder zeigt
sie den beiden Krachmachern, wie schön
die Stille sein kann.

Kasperl kommt laut singend auf die Bühne.
Er hält eine kleine Trompete in der Hand.

Kasperl: »Tri, tra, trallala, tri, tra, trallala ...
hallo, Kinder, seid ihr alle da?

Kinder rufen: Ja!

Kasperl: »Ach, das ist mir viel zu leise.
Könnt ihr denn nicht lauter rufen?«

Kinder rufen lauter!

Kasperl: »Ja, sagt mal, geht es denn nicht
noch ein kleines bisschen lauter?«

Nun schreien die Kinder so laut sie können!

Kasperl: »Ja, das war schon viel besser!
Toll, ich liebe den Lärm! Ihr auch? Schaut
mal, was ich hier habe! Wer erkennt es?«

Kasperl zeigt seine Trompete und die Kin-
der erkennen das Instrument. (Falls nicht,
muss Kasperl etwas nachhelfen.)

Kasperl: »Meine Trompete! Ist sie nicht
wunder-, wunderschön? Die Prinzessin hat
sie mir geschenkt. Ich kann sogar darauf
spielen!«

Kasperl trompetet ein Lied (oder versucht
es zumindest). Gretel kommt und hält sich
die Ohren zu.

Gretel: »Was ist denn das schon wieder für
ein fürchterlicher Lärm?«

Keiner kann Gretel verstehen, da Kasperl
so laut trompetet. Erst als sie ihm auf die
Schulter klopft, hört er auf.

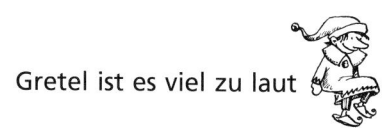

Kasperl: »Oh, hallo, liebes Gretelein. Schau, was ich hier habe!«

Gretel: »Zuerst muss ich mal die Kinder begrüßen. Bei diesem Lärm konnte mich ja keiner verstehen. Hallo, Kinder, wie schön, dass ihr da seid!«

Kinder begrüßen Gretel.

Gretel: »Immer diese schreckliche Trompete, Kasperl!«

Kasperl: »Aber Gretel, ich mache doch Musik. Hör doch mal genau hin!«

Wieder ertönt ein grauenvoller Ton. Gretel hält sich erneut die Ohren zu.

Gretel: »Aufhören, meine Ohren! Kasperl, hör auf!«

Kasperl: »Du bist eine Spielverderberin. Könnt ihr das verstehen, Kinder?«

Plötzlich hört man lautes Trommeln im Hintergrund.

Kasperl: »Das ist der Seppel mit seiner Trommel. Jetzt machen wir Musik, bis sich die Balken biegen! Kommt, Kinder, helft mir den Seppel rufen! Aber wir müssen laut sein, sonst hört er nichts. Er ist nämlich schon schwerhörig, weil er ständig trommelt. Ich zähle bis drei, und dann rufen wir alle zusammen! Also, eins, zwei, drei: Seppel!«

Obwohl alle gemeinsam rufen, tut sich nichts; man hört weiterhin das Trommeln.

Gretel jammert: »Warum muss denn immer alles laut sein? Seid doch mal etwas leiser!«

Kasperl: »Aber Gretel, der Seppel kann uns doch nicht hören!«

Gretel: »Ja eben, weil er nur auf den Lärm hört!«

Kasperl: »Du bist aber komisch, Gretel. Kommt, Kinder, wir versuchen es noch mal. Eins, zwei, drei: Seppel!«

Seppel kommt mit seiner Trommel und wundert sich.

Seppel: »He, da sind ja so viele Kinder! Ja, was macht ihr denn alle hier! Seht mal meine tolle Trommel! Sie ist mir fast noch lieber als Leberwurstbrot oder Braaatwürschtle! Hmm, da kriege ich ja schon wieder einen Bärenhunger. Gretel, kannst du mir nicht einen Pudding kochen? Vielleicht mit Schlagsahne ...?«

Kasperl: »Ach, Pudding! Seppel, jetzt machen wir Musik! Du mit deiner Trommel und ich mit meiner Trompete.«

Seppel: »Kasperl, dich hätte ich fast gar nicht gesehen. Meine Trommel ist so groß. Möchtest du etwa keinen Pudding?«

Kasperl: »Denk nicht immer ans Essen! Es gab doch gerade erst Mittagessen!«

Seppel: »Das ist aber schon mindestens eine halbe Stunde her! Und du weißt, ein Seppel hat immer Hunger.«

Kasperl: »Nein, Seppel, jetzt wird nicht gegessen. Wir machen mit den Kindern Musik! Du trommelst den Rhythmus, die Kinder klatschen und trampeln dazu, und ich blase auf meiner Trompete! Bei Drei geht es los: eins, zwei, drei ...!«

Nun ertönt ein solches Tamtam, dass sich die arme Gretel wieder die Ohren zuhält.

Gretel: »Aufhören, das hält ja kein Mensch aus!«

Gretel geht ab. Kasperl und Seppel machen noch eine Weile Krach, dann erst bemerken sie, dass Gretel nicht mehr da ist.

Kasperl: »Nanu, wo ist denn nur die Gretel? Wisst ihr es, Kinder?«

Kinder antworten.

Kasperl: »Na ja, auch egal. Komm, Seppel, wir machen weiter Musik!«

Seppel: »Aber nur noch eine Viertelstunde, dann muss ich unbedingt meinen Mittagsschlaf halten! (gähnt) Uahh, das Trommeln macht ganz schön müde!«

Kasperl und Seppel gehen ab. Man hört noch eine Weile die Instrumente im Hintergrund, dann ertönt lautes Schnarchen. Gretel kommt wieder.

Gretel: »So geht das jeden Tag! Ich werde noch verrückt! Es macht ja Spaß, manchmal so richtig Rabatz zu machen, aber doch nicht immer! Nur wenn die beiden schlafen, ist mal Ruhe im Haus! Aber ich werde ihnen einen Streich spielen, wartetet nur ab. Kinder, wollt ihr mir dabei helfen? Also, wenn ich ›Los!‹ rufe, schreit ihr, so laut ihr könnt. Ich hole die Trompete und die Trommel, und wir machen einen solchen Krach, dass Kasperl und Seppel aus den Betten fallen!«

Gretel geht ab und kommt mit den Instrumenten wieder, legt die Trommel ab und hält die Trompete in einer Hand.

Gretel: »So, Kinder, jetzt passt genau auf! Auf die Plätze, fertig, los!«

Ein ohrenbetäubendes Spektakel ertönt. Die Kinder schreien und trampeln, was das Zeug hält.

Kasperl und Seppel kommen verschlafen herbei und halten sich die Ohren zu. Auf ein Zeichen von Gretel ist es wieder still.

Kasperl: »Was soll denn dieser Lärm, Gretel? Wir machen doch gerade unseren Mittagsschlaf!«

Seppel gähnt und schläft im Stehen wieder ein.

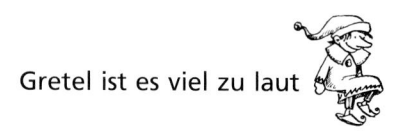

Gretel: »Nun, so geht es mir jeden Tag! Krach und Radau, Humpe, humpe, täterä ... ich werde noch verrückt! Ich kann schon gar nicht mehr schlafen, meine Ohren tun mir weh!«

Kasperl: »Aber Gretelein, warum hast du denn nichts gesagt?«

Gretel: »Das habe ich doch versucht, aber vor lauter Lärm versteht mich ja keiner!«

Gretel fängt an zu weinen. Kasperl stößt Seppel an, der erschrocken zusammenfährt.

Seppel: »Was? Ach du, Kasperl. Mensch, jetzt hatte ich so einen schönen Traum. Gerade wollte ich in eine saftige Bratwurst beißen. Du bist gemein! – Aber weshalb weint denn die Gretel?«

Kasperl: »Darum habe ich dich doch geweckt, Seppel. Wir waren so mit unserer Krachmacherei beschäftigt, dass wir gar nicht mehr auf die Gretel gehört haben.«

Seppel: »Aber sie kann doch mitmachen!«

Kasperl: »Seppel, du Döskopf! Es ist ihr zu laut! Wir haben wohl etwas übertrieben mit unseren Krachmacherinstrumenten.«

Seppel: »Du bist selber ein Döskopf, Kasperl! Radau ist doch toll!«

Kasperl: »Ja, aber doch nicht immer!«

Gretel: »Endlich kann ich mal wieder normal mit euch reden, ohne euch anzuschreien!«

Kasperl: »War's wirklich so schlimm, Gretel?«

Gretel: »Ja! Ich mag ja auch mal Krach machen. Aber wisst ihr eigentlich, wie schön auch die Stille sein kann?«

Kasperl: »Stille? Nein!«

Seppel: »Still sein kann ich nicht!«

Gretel: »Doch! Haltet mal alle den Mund, auch die Kinder! Hört mal in die Stille!«

Eine Minute lauschen alle. Wenn man Glück hat, hört man vielleicht einen Vogel oder den Wind, der zart durch die Äste eines Baumes streicht. Vielleicht brummt ein Auto, oder man hört Geräusche von einer Baustelle. Vielleicht regnet es oder stürmt sogar.

Kasperl: »Mensch, wie schön! So richtig still ist es ja gar nicht!«

Seppel: »Ich habe einen Vogel gehört! Kann der schön singen!«

Gretel: »Man muss auch mal mit offenen Ohren durch die Gegend ziehen. Ich liebe es, in die Stille zu lauschen.«

Kasperl: »Das will ich jetzt auch öfters mal machen. Es tut mir leid, Gretel. Kannst du mir verzeihen?«

Seppel stottert beschämt: »Mir auch, Gretel! Willst du mir trotzdem noch Pudding kochen?«

Gretel lacht und umarmt die beiden.

Gretel: »Gerne! Jetzt mach ich euch gleich eine Riesenportion Schokoladenpudding mit Vanillesoße, oder Vanillepudding mit Schokoladensoße? Ach, ist auch egal! Dazu gibt's Kakao, und dann setzten wir uns in den Garten und lauschen der Stille!«

Kasperl: »Aber danach machen wir wieder ein kleines bisschen Musik! Also, Kinder, macht's gut, und nicht vergessen: Hört auch mal die Stille. Tschüs!«

Seppel und Gretel: »Tschüs, Kinder!«

Alle gehen ab.

Silvia Klimke

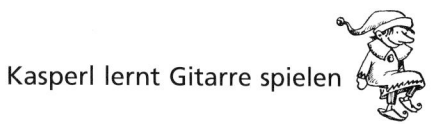

Kasperl lernt Gitarre spielen

Für zwei Personen

Es spielen mit:
Kasperl, Seppel, Großmutter, Zauberer

Requisiten:
Pappgitarre, hängendes Becken, Plakat

Kulissen:
2. Akt: unheimliches Zauberschloss auf dunklem Hintergrund
3. Akt: kleines Haus mit herbstlichen Blumen vor dem Fenster

Inhalt:
Ein Musikinstrument spielen zu können, das findet auch der Kasperl schön. Doch der gemeine Zauberer lässt Kasperls Gitarre mit einem Zauberspruch einfach verschwinden. Zum Glück sind Kasperl und Seppel mutig und wagen sich in das Zauberschloss. Ob wohl die Gitarre dort zu finden ist?

Erster Akt: Vor geschlossenem Vorhang

Kasperl kommt mit einer Pappgitarre in der Hand.

Kasperl: »Tri, tra, trallalala ... der Kasperl ist heut wieder da. Tagchen, Kinder – was habt ihr denn heute Morgen schon ange-stellt im Kindergarten? Was hat euch Spaß gemacht? – Das ist ja interessant. Aber wisst ihr was? Ich habe auch was Tolles er-lebt! Ich hatte heute gerade meine erste Gi-tarrenstunde. Hört mal, wie toll ich schon spielen kann.«

Gitarrengeklimper ertönt.

Die Großmutter kommt: »Oh, oh, was hören meine Ohren für zarte Klänge? Wer spielt denn da so schön?«

Kasperl: »Ich, Großmutter, ich bin das.«

Großmutter: »Wer bist denn du? Ich habe keine Brille auf, deshalb sehe ich auch so wenig. Aber gute Ohren habe ich. Du, wer immer du auch bist, hast ganz wunder-schöne Musik gemacht.«

Kasperl: »Ach Großmutter, du kennst nicht einmal mehr die Stimme von deinem Kas-perl? Wohin hast du schon wieder deine Brille verlegt?«

Großmutter: »Ja, wenn ich das wüsste! Ich habe ein gemütliches Schläfchen gemacht und bin von der Musik geweckt worden. Da wollte ich doch gleich nachsehen, von wem sie gespielt wird. Da habe ich nicht an meine Brille gedacht.«

Kasperl: »Also gut, dann hör zu: Ich spiele nur für dich.«

Gitarrengeklimper. Die Großmutter wiegt sich im Takt dazu. Ein Schlag auf das hängende Becken, und der Zauberer kommt wie ein Blitz auf die Bühne.

Zauberer: »Ha – was wird da geboten? Eine Gitarre! So eine habe ich mir schon immer gewünscht!«

Kasperl: »Ja, Zauberer, da staunst du wohl. Du hast ja ganz schön viele Sachen und kannst dir jeden Wunsch erfüllen. Aber diese Gitarre gehört mir.«

Zauberer: »Du glaubst wohl, dass ich dir die Gitarre lasse? Da liegst du aber falsch!

Wenn ich jetzt meinen Zauberspruch sage, dann ist dieses wundervolle Instrument sofort bei mir im Zauberschloss. Pass auf: Hokus, pokus, fidibus, drei Mal schwarzer Kater, simsalabim, Gitarre, entschwinn.«

Die Gitarre verschwindet beim Schlag auf das hängende Becken.

Kasperl: »Du gemeiner Zauberer! Was fällt dir ein? Zaubere sofort meine Gitarre wieder herbei.«

Großmutter: »Zauberer, das will ich dir sagen: Du machst uns keine Angst! Wir werden Kasperls Gitarre schon wiederkriegen – du wirst sehen!«

Zauberer: »Da denkst du aber ganz falsch, Großmütterchen! Hahaha ...«

Schlag auf das hängende Becken, der Zauberer verschwindet.

Kasperl: »Immer habe ich den Leuten helfen können, denen etwas gestohlen oder etwas Böses angetan wurde! Doch jetzt bin ich wirklich ratlos.«

Großmutter: »Mein Kasperl, das glaube ich nicht! Dir wird schon etwas einfallen. Das glaube ich ganz fest! Ich lasse dich jetzt in Ruhe, damit du überlegen kannst, was zu tun ist. Ich werde in der Zeit meine Brille suchen gehen.«

Großmutter geht, der Kasperl läuft hin und her.

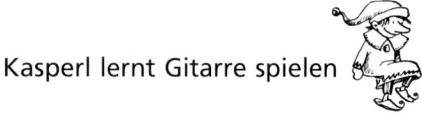

Kasperl: »Dieser gemeine Zauberer! Wenn der mir in die Finger kommt, na warte! Aber sich aufregen bringt jetzt auch nichts. Wie bekomme ich meine gute Gitarre wieder? Das kann doch nicht so schwer sein!«

Ein Poster wird an der Bühne befestigt. Der Kasperl sieht es und bleibt davor stehen.

Kasperl liest vor: »›Heute Zauberfest im Wald. Eingeladen sind alle Zauberer. Beginn ist um sieben Uhr abends.‹ Ha, das ist ja grandios! Wie viel Uhr ist es denn gerade? Sechs Uhr. In einer Stunde geht der Zauberer sicherlich auch auf das Fest. Ich muss zu seinem Zauberschloss. Aber den Seppel frage ich, ob er mitkommt. Der hilft mir ganz bestimmt, meine Gitarre wiederzukriegen. Kinder, helft mir doch bitte mal, ihn zu rufen. Eins, zwei, drei: Seppel!«

Seppel: »Hallo, da bin ich ja schon! Brennt's irgendwo?«

Kasperl: »Ich brauche dich! Der Zauberer hat meine Gitarre weggezaubert. Wir müssen sie zurückholen – du und ich.«

Seppel: »Wie willst du das denn anstellen? Der Zauberer ist doch sicher zu Hause! Der bekommt das sicher mit, wenn wir in seinem Zauberschloss deine Gitarre suchen!«

Kasperl: »Kinder, erzählt dem Seppel doch mal, dass der Zauberer gar nicht da ist. *(danach)* So, Seppel, jetzt lass uns keine Zeit verlieren.«

Zweiter Akt: Das Zauberschloss

Kasperl: »So, da sind wir. Seppel, klapper nicht so laut mit den Zähnen. Du musst jetzt ganz leise sein! Komm, wir gehen durch den Zaubergarten. Aber fass bitte nichts an, nicht dass dann noch etwas verzaubert wird.«

Seppel: »Und w-w-wenn uns die Nachbarn sehen?«

Kasperl: »Hast du hier irgendwo ein Nachbarhaus gesehen?«

Seppel: »N-n-nein, du hast Recht.«

Kasperl: »Na also.«

Kasperl und Seppel laufen suchend herum.

Kasperl: »Schau mal, wie leichtsinnig der Zauberer ist. Hier auf dem Terrassentisch liegt ja meine Gitarre!«

Seppel: »Dann lass sie uns schnappen und nix wie weg von hier.«

Kasperl nimmt die Gitarre und die beiden gehen ab.

Kasperl: »Der Zauberer wird sich wundern, wenn er von seinem Zauberfest kommt und die Gitarre verschwunden ist. Ist er selbst schuld, wenn er seine gestohlenen Sachen einfach so liegen lässt.«

Seppel: »Das geschieht dem Schurken ganz recht. Jetzt, wo die Gitarre wieder da ist, möchte ich aber auch hören, wie gut du schon spielen kannst.«

Kasperl: »Ja, gut. Aber lass uns erst nach Hause gehen. Die Großmutter möchte sicher auch gerne zuhören.«

Die beiden gehen ab.

Dritter Akt: Beim Kasperl

Großmutter: »Ja, wo seid ihr zwei denn gewesen? Ich habe euch schon überall gesucht. Und sehen meine alten Augen da richtig? Wo kommt denn die Gitarre auf einmal her? Wie habt ihr es geschafft, sie wiederzubekommen? Ihr seid doch hoffentlich nicht im Zauberschloss gewesen? Das ist doch so gefährlich!«

Kasperl: »Ja, da staunst du! Das können dir die Kinder erzählen, warum wir ohne Gefahr die Gitarre vom Zauberschloss wieder zurückholen konnten. *(danach)* Siehst du, Großmutter, der Kasperl überlegt doch immer ganz genau, was er machen muss. So, aber jetzt hole ich mein Liederbuch, damit wir alle gemeinsam ein Lied singen können.«

Kasperl verschwindet kurz, kommt mit einem Liederbuch zurück.

Kasperl: »So, da bin ich wieder. Seppel, halt du bitte das Buch. Jetzt, Kinder, kann's losgeh'n. Hat jemand von euch einen Wunsch, was wir singen könnten?«

Vorschläge abwarten, dann ein bekanntes Lied mit allen singen.

Kasperl: »Das war aber ein wunderschöner Gesang! Ich hoffe, ihr lernt auch einmal ein Instrument zu spielen. Das macht nämlich ganz viel Spaß! Aber für heute ist es erstmal genug mit dem Musizieren. Tschüs bis bald, dann sehen wir uns wieder.«

Alle gehen ab.

Monika Meyer

Kasperl erfüllt Gretel einen Wunsch

Für zwei Personen

Es spielen mit:
Kasperl, Gretel, Hofdame, Prinzessin

Requisiten:
Gong, Triangel, Murmel, Musik vom Kassettenrekorder

Kulissen:
nicht erforderlich

Inhalt:
Eine Prinzessin sein, das hat sich wohl jedes Mädchen schon einmal gewünscht. Die Gretel kann sich diesen Wunsch mit einer Zaubermurmel erfüllen. Doch hätte sie geahnt, welche Pflichten das Prinzessinnenleben mit sich bringt, wäre es bestimmt nicht so weit gekommen. Ob ein Wunsch wohl auch rückgängig zu machen ist?

Kasperl: »Tri, tra, trallalala ... der Kasperl ist heut wieder da. Ja, grüßt euch, Kinder. Seid ihr auch alle da? Na, da bin ich aber froh, denn ohne euch ist es sehr langweilig hier auf der Bühne. Eben war ich nämlich noch allein, nun seid ihr gekommen. Habt ihr nicht mal eine Idee, wen ich besuchen könnte? (*Vorschläge der Kinder aufgreifen,*

auf einen Besuch bei der Gretel hinlenken.) Also, dann werde ich mich mal auf den Weg machen. Ich denke, ich besuche die Gretel.«

Kasperl geht ein Weilchen auf der Bühne, bis er zu Gretels Haus kommt. Man hört ein mehrfaches »Ding-dong«.

Gretel: »Ja, ja, ich komme ja schon. Wer mag denn das wohl sein? Hallo, Kasperl, warum klingelst du denn so stürmisch? Brennt es irgendwo? Was ist denn passiert?«

Kasperl: »Nix ist passiert. Ich freue mich eben, dass ich dich besuchen kann. Freust du dich denn gar nicht, mich zu sehen?«

Gretel: »Doch, doch! Natürlich freue ich mich.«

Kasperl: »Vorhin hatte ich niemanden zum Spielen. Da habe ich die Kinder gefragt, ob sie nicht wissen, wen ich besuchen könnte. Da haben sie mir den Vorschlag gemacht, dich zu besuchen.«

Gretel: »Ja, aber ich habe gar keine Idee, was wir spielen könnten.«

Kasperl: »Mensch, dann fragen wir eben nochmal die Kinder hier. Denen fällt doch immer etwas Gutes ein. Also, Kinder, wer von euch hat eine gute Idee?«

Ideen der Kinder anhören und kurz darauf eingehen.

Gretel: »Eure Vorschläge sind ganz toll. Aber so etwas machen wir doch immer. Heute möchte ich mal was anderes – etwas Besonderes machen!«

Kasperl: »Na, da bin ich aber gespannt! Dann überlege mal.«

Gretel: »Ja, ich glaube, mir ist ein guter Gedanke gekommen. Da wirst du staunen, Kasperl! Also, pass auf: Als mein Opa noch lebte, erzählte er mir immer von einer Zaubermurmel, die im Wald versteckt sein soll. Ich habe sie immer und immer wieder gesucht, doch nie habe ich sie gefunden.«

Kasperl: »Was ist das denn für eine Zaubermurmel?«

Gretel: »Wenn man sie in die Hand nimmt und sich etwas ganz sehnlichst wünscht, soll dieser Wunsch in Erfüllung gehen. So hat es mir mein Opa erzählt.«

Kasperl: »Ich finde, wir sollten in den Wald gehen und suchen. Was meint ihr, Kinder? Helft ihr uns beim Suchen? – Das ist gut – dann werden wir sie auch finden! Auf, Gretel, lass uns loslaufen.«

Kasperl und Gretel fassen sich an der Hand und gehen ab. Dann kommt jeder von einer

anderen Seite in gebückter Haltung auf die Bühne – sie suchen.

Eine Murmel, an einem Faden festgebunden, liegt auf dem Boden und wird auffällig hin- und herbewegt.

Gretel: »Oh, da ist sie ja. Sie ist sehr schön! Sieh doch, Kasperl! Da hat mein Opa ja die Wahrheit erzählt!«

Kasperl: »Ja, wunderschön ist sie! Warte, Gretel, ich hole sie dir.«

Kasperl entfernt den Faden und holt die Murmel.

Kasperl: »So, nun haben wir die Zaubermurmel. Hast du denn auch einen Wunsch, den du gerne erfüllt haben möchtest?«

Gretel: »Hm, hm, ja! Ich möchte nur ein Mal in meinem Leben eine Prinzessin sein!«

Kasperl: »Warum denn gerade eine Prinzessin?«

Gretel: »Prinzessinnen sind wunderschön. Sie haben prächtige Kleider an und eine Krone auf dem Kopf. Sie wohnen in einem großen Schloss und brauchen gar nichts selber tun: nicht aufräumen, nicht kochen, sich nicht allein anziehen ... Sie haben nämlich einen Diener oder eine Hofdame.«

Kasperl: »Ja, Gretel, wenn du dir das so sehr wünschst, dann nimm die Murmel in die Hand und sprich aus, was du dir wünschst.«

Gretel nimmt die Murmel in die Hand.

Gretel: »Ich wünsche mir, dass ich in eine Prinzessin verwandelt werde.«

Eine Triangel wird angeschlagen. Gretel verschwindet und eine Prinzessin kommt auf die Bühne.

Kasperl: »Oh, wie siehst du denn jetzt aus? Du bist wunderschön, Prinzessin Gretel! Ich erkenne dich gar nicht wieder – so sehr hast du dich verändert! Dein Wunsch hat sich erfüllt!«

Gretel: »Ja, ist das nicht schön?«

Eine Hofdame kommt.

Hofdame: »So, Prinzessin, Sie gehen jetzt bitte mit mir, denn Sie müssen Ihre Milch noch trinken, und dann geht es ins Bett.«

Prinzessin: »Aber es ist doch noch gar nicht so spät! Ich möchte noch draußen bleiben und mit dem Kasperl spielen.«

Hofdame: »Nein, Prinzessin, wenn Sie so schön bleiben möchten, müssen Sie früh schlafen gehen.«

Kasperl: »Prinzessin Gretel, wir sehen uns ja morgen. Mach's gut und schlaf schön.«

Alle gehen ab. Eine ruhige Musik spielt als Zeichen, dass es Nacht ist. Dann kommen Kasperl und die Prinzessin wieder.

Kasperl: »Guten Morgen, Prinzessin Gretel. Hast du heute Nacht im Schloss gut geschlafen?«

Prinzessin: »Das Bett war ganz groß und weich. Ich habe ein Himmelbett! Das Liegen darin war sehr bequem, aber schlafen konnte ich nicht so gut! Alles war so ungewohnt und neu.«

Kasperl: »In der ersten Nacht schläft man in fremden Betten meistens nicht so gut. In der nächsten Nacht wird das sicherlich besser.«

Gretel: »Du hast bestimmt Recht. Aber nun komm, wir wollen zusammen im Schlossgarten spielen.«

Die Hofdame kommt.

Hofdame: »Nein, Prinzessin, Sie haben jetzt Privatunterricht. Ihr Lehrer wartet schon auf Sie!«

Prinzessin: »Aber ich bin doch immer auf eine Schule gegangen, in der viele Kinder waren.«

Hofdame: »Prinzessinnen haben immer Privatunterricht – das ist nun einmal so! Jetzt müssen wir uns aber beeilen, denn Unpünktlichkeit schickt sich nicht für eine Prinzessin.«

Prinzessin: »Och bitte, bitte, lassen Sie den Kasperl mit mir zum Schulunterricht gehen!«

Hofdame: »Nein, das geht nicht. Besucher müssen immer angemeldet und genehmigt werden.«

Die Hofdame nimmt die Prinzessin an der Hand und zieht sie mit sich.

Prinzessin ruft: »Kasperl, ich beeile mich! Warte bitte auf mich!«

Kasperl: »Die arme Gretel – sie darf aber auch gar nichts mehr! Kinder, glaubt ihr, dass die Gretel als Prinzessin glücklich ist? Wenn ich ihr doch helfen könnte!«

Die Prinzessin kommt wieder.

Prinzessin: »Oh Kasperl, wie gut, dass du da bist! Der Unterricht war so langweilig und dauernd musste ich mich anders hinsetzen, denn das Kleid ist so unbequem, auch wenn es noch so schön ist. Und der Lehrer ist so streng, und dauernd muss man brav sein und kann und darf nie machen, was einem gerade Spaß macht!«

Kasperl: »Du wolltest aber doch unbedingt eine Prinzessin werden!«

Prinzessin: »Das stimmt. Aber ich habe jetzt gemerkt, dass ich so nicht leben kann! Da muss sich schnell etwas ändern. Ich halte das nicht länger aus.«

Kasperl: »Ja, was könnten wir da nur machen? Kinder, glaubt ihr, dass wir die Gretel wieder zurückverwandeln können? Dann helft uns bitte dabei, ja?«

Prinzessin: »Ja, schnell – sonst kommt die Hofdame gleich wieder und dann schaffen wir es heute nicht mehr. Noch eine Nacht halte ich das im Schloss nicht aus!«

Kasperl: »Also, Gretel, dann nimmst du die Zaubermurmel in die Hand, machst die Augen zu und wünschst es dir ganz fest. Und ihr Kinder drückt bitte ganz feste die Daumen. Also los!«

Triangelschlag, die Prinzessin geht, die Gretel kommt.

Gretel: »Oh, es hat geklappt! Da bin ich aber froh!«

Kasperl: »Hat es dir überhaupt nicht gefallen, eine Prinzessin zu sein?«

Gretel: »Die Kleider haben mir gefallen, das Essen und der schöne Park. Aber wenn ich ehrlich bin, ist es viel, viel schöner, die Gretel zu sein!«

Kasperl: »Ich bin auch froh, dass du wieder meine Gretel bist! Es war so langweilig ohne dich! Aber nun ist ja alles wieder gut.«

Gretel: »Ja, zum Glück. Doch nun komm, Kasperl, die ganze Geschichte müssen wir zu Hause erzählen. Ob die uns das glauben?«

Kasperl: »Da bin ich auch gespannt. Also, dann geht's schnell nach Hause. Tschüs, ihr Kinder, und merkt euch: Nicht alle Wünsche sind gute Wünsche.«

Die beiden gehen ab.

Monika Meyer

Die Kasperlstücke

Das Gespensterschloss

Für zwei Personen

Es spielen mit:
Kasperl, Seppel, Gretel, Großmutter, Prinzessin

Requisiten:
Einkaufstasche, kleiner Korb, zwei Briefe oder Karten als Einladungen, Pralinenschachtel, Blumenstrauß, Puppenkissen, weißes Tuch

Kulissen:
1. Akt: Wohnstube zeichnen oder den Vorhang als Gardine hängen
2. und 3. Akt: Zimmer mit königlichen Möbeln zeichnen oder ein passendes Stück Pappe mit einer schönen Tapete verzieren

Inhalt:
Kasperl und Seppel werden zum Geburtstag der Prinzessin eingeladen, eine Nacht auf dem Schloss zu verbringen. Die Einladung an Gretel geht verloren. Sie fühlt sich vernachlässigt und beschließt, den Freunden einen Streich zu spielen.

Erster Akt: Bei der Großmutter

Kasperl kommt singend auf die Bühne.

Kasperl: »Tri, tra, trallala ... Nanu, Kinder? Ihr seid ja auch wieder da! Na, das ist aber eine Freude! Sagt mal, habt ihr den Seppel schon gesehen? Ich suche ihn überall, aber nicht mal in seinem Bett war er zu finden.«

Plötzlich hört man im Hintergrund lautes Poltern. Seppel kommt mit einer Einkaufstasche hereingestolpert.

Seppel: »Verflixt und zugenäht, so eine blöde Tasche! Die lege ich jetzt mal ab.«

Kasperl: »He, Seppel. Sag mal, schläfst du noch?«

Seppel: »Ich? Schlafen? Ha, ich war schon mit der Großmutter in der Stadt und habe ihr beim Einkaufen geholfen. Hallo, Kinder, ihr seid ja auch schon wieder da.«

Kasperl: »Hast du heute deinen guten Tag, Seppel?«

Seppel: »Die Großmutter hat mir einen Schokoladenpudding versprochen. Sie ist schon in der Küche. Hmm, hab ich einen Hunger!«

Gretel kommt auf die Bühne. Sie trägt einen Korb, aus dem sie einen Brief kramt.

Gretel: »Hallo, Kinder! Seht mal, was ich hier habe. Einen Brief für den Kasperl und für den Seppel. Der Briefträger hat ihn mir gegeben.«

Kasperl und Seppel: »Einen Brief für mich? Gib her!«

Gretel: »Nun mal langsam! Von wem bekommt ihr denn einen Brief?«

Seppel: »Weiß ich auch nicht. Gib endlich her, Gretel! *(nimmt den Brief und liest ganz langsam vor)* Da steht: ›An den Herrn Kasperl und den Herrn Seppel!‹ Herr Seppel, das bin ich. Herr Seppel! Ha, da staunst du, was, Gretel?«

Gretel: »Was steht denn drin?«

Seppel: »Steht da vielleicht: Frau Gretel? Nein! Also geh in die Küche!«

Gretel: »Ich hab euch den Brief schließlich gebracht, dann könnt ihr mir auch verraten, was drinsteht.«

Seppel: »Na gut! Also, hier steht: *(ganz langsam)* ›Lieber Kasperl und ...!‹«

Kasperl: »Gib mir mal den Brief, sonst sitzen wir morgen noch da. Also, hier steht: ›Lieber Kasperl und lieber Seppel, ich möchte euch gerne übers Wochenende zu mir ins Schloss einladen. Mein Vater ist

mal wieder auf Reisen, und da dachte ich mir, ich lade meine Freunde ein. Ich freue mich schon sehr auf Freitagabend. Eure Freundin, Prinzessin Goldlöckchen.‹ – Mann, Seppel, wir sind aufs Schloss eingeladen! Du und ich!«

Seppel: »Hurra! Hurra! Wir gehen aufs Schloss, der Kasperl und der Seppel!«

Beide tanzen zusammen im Kreis, keiner beachtet Gretel.

Gretel: »Von mir steht nichts drin? Bin ich nicht eingeladen?«

Kasperl: »Seppel, wir brauchen ein Geschenk für die Prinzessin!«

Seppel: »O ja, ich fang ihr einen Frosch!«

Kasperl: »Ach Seppel! Kinder, glaubt ihr, die Prinzessin freut sich über einen Frosch? Was, meint ihr, können wir ihr schenken?«

Kasperl und Seppel reagieren auf die Antworten der Kinder.

Kasperl: »Schokolade, das ist gut! Gummibärchen, prima! Einen Blumenstrauß, super! Seppel, du besorgst einen Blumenstrauß und ich gehe Pralinen kaufen. Morgen ist doch schon Freitag!«

Beide gehen ab.

Gretel: »Mir haben sie noch nie etwas geschenkt! Nicht mal zu meinem Geburtstag!«

Gretel beginnt bitterlich zu weinen. Da kommt die Großmutter.

Großmutter: »Was ist denn hier los? Aber Gretele, warum weinst du denn?«

Gretel schluchzt vor sich hin.

Großmutter: »Guten Tag, Kinder. Wisst ihr, was passiert ist? – Aha! Die Lausebengel! Das erklärt natürlich, weshalb die so gut gelaunt aus dem Haus gehuscht sind. Nicht mal mein Schokoladenpudding hat sie zurückgehalten.«

Großmutter tröstet Gretel.

Gretel: »Mir haben sie noch nie etwas geschenkt! Und außerdem dachte ich, die Prinzessin sei meine Freundin!«

Großmutter: »Das ist sicher ein Missverständnis! Komm mit, Gretel, ich habe eine Idee!«

Gretel und Großmutter gehen ab.

Zweiter Akt: Im Schloss

Die Prinzessin geht auf und ab: »Hallo, Kinder! Wie schön, dass ihr da seid. Ich warte auf meine Freunde. Wisst ihr, wo sie stecken?«

Man hört lautes Gepolter und Stimmen im Hintergrund.

Kasperl: »Seppel, pass doch auf! Du schmeißt hier noch alles runter!«

Seppel: »Aber Kasperl, ich bin ja auch so aufgeregt. Ich habe noch nie in einem Schloss geschlafen!«

Kasperl und Seppel tauchen auf.

Prinzessin: »Da seid ihr ja endlich! Aber wo ist denn die Gretel?«

Kasperl: »Die Gretel? Ist sie denn auch eingeladen?«

Prinzessin: »Aber natürlich! Sie ist doch meine beste Freundin!«

Seppel: »Die ... die hat Kopfweh!«

Kasperl leise zu Seppel: »Aber das stimmt doch gar nicht!«

Seppel: »Es ist schon so spät! Gretel kann jetzt nicht mehr herkommen, sie schläft bestimmt schon! Und ich will auch nicht das Abendessen verpassen!«

Kasperl: »Hoffentlich hast du Recht!«

Prinzessin: »Die Arme! Sie hätte in meinem Zimmer schlafen können. Aber erst mal guten Tag, ihr beiden.«

Seppel versteckt sich verlegen hinter Kasperl.

Kasperl: »Ich habe dir Pralinen mitgebracht, hier, bitte!«

Prinzessin: »Oh, das ist aber nett von dir, Kasperl.«

Kasperl: »Seppel, gib doch der Prinzessin dein Geschenk, oder traust du dich nicht?«

Seppel stottert: »Ich mich nicht trauen? Hier habe ich dir Blumen gepflückt. Hihihi.«

Prinzessin: »Seppel, ich liebe Wiesenblumen. Und wie sie duften, hm! Vielen, vielen Dank!«

Seppel weiß vor Verlegenheit weder ein noch aus.

Prinzessin: »Ich bin so froh, dass ihr da seid. Immer, wenn mein Vater verreist ist, fühle ich mich so einsam, und außerdem fürchte ich mich nachts. Man sagt, hier auf dem Schloss geht ein Gespenst um. Gesehen habe ich es noch nie, aber gehört schon öfters.«

Seppel: »G-g-gespenst? Habe ich richtig gehört? Ich glaub, ich geh wieder!«

Kasperl: »Seppel! Schäm dich, es gibt keine Gespenster. Wir bleiben natürlich!«

Seppel: »Bleib du nur da, Kasperl. Ich ... äh ... mir ist gerade eingefallen, ich hab gar keine Zeit!«

Prinzessin: »Wie schade! Ich habe extra Bratwürstchen mit Kartoffelsalat machen lassen und zum Nachtisch Vanillepudding auf Erdbeereis mit Brombeersoße.«

Seppel: »Hmm! Jetzt merke ich erst, was ich für einen Hunger habe. Gut, ich bleibe!«

Kasperl: »Das wäre doch gelacht, Seppel! Wir werden uns doch vor einem Gespenst nicht fürchten, wo doch jedes Kind weiß, es gibt keine Gespenster! Nicht wahr, Kinder?«

Prinzessin: »Dann kommt, es gibt Abendessen!«

Alle gehen ab.

Dritter Akt: Im Schloss, nachts

Kasperl und Seppel schlafen, zugedeckt mit Puppenkissen oder bunten Stoffresten. Plötzlich ertönt ein leises Kichern. Seppel schnarcht laut auf und dreht sich um. Das Gespenst ist noch nicht sichtbar.

Gespenst: »Huhu, huhu, huhu!«

Seppel: »Was? Habt ihr das auch gehört, Kinder? Uah, ich fürchte mich!«

Kurz lässt sich das Gespenst sehen, Seppel schreit laut auf.

Kasperl: »Was ist denn los? Sag mal, Seppel, warum schreist du mitten in der Nacht?«

Seppel stottert ängstlich: »Kasperl, da war ein Gespenst! Ich habe es genau gesehen!«

Kasperl: »Wo? Seppel, ich sehe nichts! Du hast sicher geträumt! Schlaf weiter!«

Kasperl legt sich wieder hin. Falls die Kinder Seppels Aussage bestätigen, kann Kasperl sagen, sie träumten auch. Da taucht das Gespenst wieder auf.

Seppel: »Hilfe, da ist es wieder! Zu Hilfe!«

Seppel versteckt sich unter Kasperls Decke, aber als Kasperl schaut, ist das Gespenst wieder verschwunden.

Kasperl: »Was sagt ihr, Kinder? Ihr habt das Gespenst auch gesehen? Aber da ist keins, seht doch!«

Die Prinzessin kommt, und Seppel versteckt sich wieder.

Seppel: »Da, da ist es wieder!«

Kasperl: »Aber das ist doch die Prinzessin! Seht ihr, es gibt keine Gespenster!«

Prinzessin: »Was ist denn hier für ein Lärm? Seppel? Hast du Bauchweh?«

Kasperl: »Der Seppel und die Kinder behaupten, sie hätten ein Gespenst gesehen. Aber wahrscheinlich haben sie dich für eines gehalten!«

Prinzessin: »Was? Das Schlossgespenst!«

Kasperl: »Ach was, das warst doch du! – Nein? War sie nicht? Ihr habt ein echtes Gespenst gesehen, Kinder? Na, dann suchen wir es!«

Kasperl und die Prinzessin sehen hinter den Vorhang, das Gespenst taucht kurz auf. Kinder und Seppel schreien, das Gespenst verschwindet, Prinzessin und Kasperl drehen sich um. So geht es eine Weile hin und her.

Kasperl: »Ich sehe hier kein Gespenst!«

Prinzessin: »Ich auch nicht!«

Da kommt das Gespenst und heult fürchterlich. Die drei verstecken sich hintereinander.

Gespenst: »Hihihihi! Ich bin das Schlossgespenst! Huhu, huhu, huhu!«

Kasperl: »Das Kichern kenne ich doch! Na warte!«

Kasperl zieht das Tuch weg und Gretel steht da. Seppel versteckt sich noch immer hinter der Prinzessin und zittert.

Prinzessin: »Gretel, du?«

Seppel: »Gretel? Gretel! Das war aber gemein von dir. Warum hast du uns so erschreckt? Ich rede nie mehr ein Wort mit dir!«

Gretel: »Nein, ihr wart gemein! Mich habt ihr gar nicht beachtet, nur noch von der Prinzessin habt ihr geredet! Und geschenkt habt ihr mir auch noch nie etwas, nicht mal zum Geburtstag!«

Seppel: »Schenken? Du bist doch die Gretel!«

Gretel fängt an zu weinen.

Prinzessin: »Ja, warum bist du denn nicht mitgekommen? War dein Kopfweh so schlimm?«

Gretel: »Kopfweh? Ich hatte kein Kopfweh! Ich war doch gar nicht eingeladen. Der Brief war nur für Kasperl und Seppel!«

Prinzessin: »Aber ich habe dir doch eine eigene Einladung geschickt. Eine Blumenkarte, weil du die so gerne magst.«

Gretel: »Was? Ich war auch eingeladen?«

Prinzessin: »Aber Gretel, du bist doch meine beste Freundin!«

Kasperl: »Gretel, es tut mir sehr Leid! Wir haben dich sehr lieb, aber an ein Geschenk haben wir nie gedacht!«

Seppel: »Morgen fange ich dir einen Frosch!«

Plötzlich findet die Prinzessin die Karte an Gretel in ihrer Rocktasche.

Prinzessin: »Schau mal, was ich hier habe! Deine Blumenkarte! Ich habe sie gar nicht abgeschickt! Bitte verzeih mir, Gretel!«

Gretel: »Ist schon gut. Dann bleibe ich jetzt auch hier!«

Kasperl: »Toll, und morgen feiern wir ein Fest!«

Seppel: »Mit Sauerkraut und Apfelstrudel!«

Prinzessin: »Jetzt müssen wir aber schlafen. Gute Nacht, Kinder!«

Alle: »Gute Nacht!«

Alle gehen ab.

Silvia Klimke

Die Laterne ist weg!

Für zwei Personen

Es spielen mit:
Kasperl, Seppel, Gretel, Räuber

Requisiten:
eine kleine Laterne

Kulissen:
2. Akt: Herbstwald mit Eingang zur Räu-
berhöhle

Inhalt:
Die Gretel ist tieftraurig, dass ihre schöne
Martinslaterne gestohlen wurde. Doch der
Kasperl hat den richtigen Riecher: Die La-
terne kann nur der Räuber haben! So muss
für Gretel das Laternenlaufen nicht ausfal-
len.

Erster Akt: Vor geschlossenem Vorhang

Seppel: »Guten Tag, liebe Kinder! Gell, ihr kennt mich noch? Ich bin der Seppel! Aber heute bin ich sehr, sehr traurig. Stellt euch vor: Gretels selbst gebastelte Laterne ist verschwunden, und heute Abend ist Sankt Martin. Da wollten wir doch so gerne Laterne laufen!«

Gretel kommt hinzu.

Gretel: »Hast du meine Laterne schon gefunden, Seppel? Ich habe sie nur kurz vors Haus gestellt, weil ich drinnen etwas vergessen hatte.«

Seppel: »Nein, Gretel. Ich habe überall gesucht: im Haus, im Garten, in der Hundehütte, aber nirgends war sie.«

Gretel weint: »Huhuhu – meine schöne Laterne!«

Seppel: »Ach Gretel, hör doch auf zu weinen! Wir finden deine Laterne bestimmt bald wieder.«

Gretel: »Hoffentlich. Ich werde weitersuchen gehen.«

Gretel geht ab.

Seppel: »Ich werde jetzt gleich den Kasperl rufen, vielleicht weiß der einen Rat. Kasperl, Kasperl!!! Kinder, könnt ihr mir bitte rufen helfen, damit der Kasperl es hört? Eins, zwei, drei: Kasperl!«

Der Kasperl kommt.

Kasperl: »Tri, tra, trallala ... der Kasperl ist schon da. Ja, warum habt ihr denn so laut gerufen? Ich bin schnell hergerannt und noch ganz außer Atem.«

deinen

r Sep-
Fahr-

doch
«

as ist

s La-
terne
il sie
nach

La-

t ihr

wie-

erne
der
hen
r in

hen. *(geht
wieder zurück)*
ne liegt hier nir-
gends, und auch die Gretel hat sie nicht gefunden. Hör doch, Kasperl, sie weint schon
wieder!«

*Man hört die Gretel im Hintergrund wei-
nen.*

Seppel: »Wo sollen wir denn noch suchen?
Die muss doch jemand gestohlen haben,
wenn sie hier nirgends zu finden ist!«

Kasperl: »Ah, mir kommt da ein Gedanke:
Der Räuber ist doch in letzter Zeit des
Öfteren hier in der Gegend herumgestrolcht.
Vielleicht hat er die Laterne gestohlen und
sie mit in seine Räuberhöhle genommen!«

Seppel: »Das könnte ich mir auch gut vorstellen. So eine schöne Laterne! Du bist
doch ein gescheiter Kasperl!«

Kasperl: »Komm, lass uns keine Zeit verlieren – lass uns gleich in den Wald gehen!
Der bekommt aber großen Ärger, wenn er
die Laterne tatsächlich gestohlen hat.«

Kasperl und Seppel gehen ab.

Zweiter Akt: Im Räuberwald

*Der Räuber kommt, eine kleine Laterne in
der Hand.*

Räuber: »Hahaha – ich habe der Gretel die
Laterne gestohlen! Die wird sich wundern,
wenn heute Abend Laternenlaufen ist und
sie keine Laterne hat. Selber schuld – was
stellt sie die Laterne auch draußen auf die
Bank! Jetzt habe ich einen schönen
Schmuck für meine Räuberhöhle!«

Er versteckt die Laterne in seiner Höhle. Kasperl und Seppel kommen.

Kasperl: »Du, Seppel, schau doch mal, wer da steht.«

Seppel: »Das ist ja der Räuber! Der hat bestimmt die Laterne gestohlen, so vergnügt, wie der aussieht. Ich frage ihn mal: Du, Räuber, hast du zufällig die Laterne von der Gretel gesehen?«

Räuber: »Was, die Laterne von der Gretel soll ich gesehen haben? Ich glaube, du spinnst! Hat die Laterne etwa Beine? So ein Geschwätz!«

Der Räuber geht ab.

Kasperl: »Ich glaube, der Räuber hat ein schlechtes Gewissen, weil er so schnell gegangen ist. Was glaubt ihr, Kinder? Hat der Räuber die Laterne oder nicht? – Was sagt ihr da? Dieser schlechte Kerl! Komm, Seppel, wir gehen in seine Höhle und holen die Laterne. Ich höre ihn schon kommen! Wenn wir sie haben, schleichen wir uns ganz schnell nach Hause.«

Kasperl und Seppel gehen ab.

Räuber: »Hahaha, die zwei habe ich aber schön angeschmiert. Jetzt hole ich die Laterne aus meiner Höhle, denn es dämmert schon, und dann kann ich im Wald einen Abendspaziergang machen. (geht kurz weg, kommt schnell wieder) Ja, das darf doch wohl nicht wahr sein! Wo ist die Laterne geblieben? Ich hatte sie doch auf den Tisch gestellt! O nein, ich wette, der Kasperl und der Seppel haben sie wiedergeholt – stimmt's, Kinder? Ach, ist das ärgerlich!«

Der Räuber geht schimpfend ab. Kasperl und Seppel kommen pfeifend mit der Laterne. Gretel kommt ihnen entgegen.

Gretel: »Seppel, Kasperl, da seid ihr ja! Oh, meine Laterne habt ihr auch gefunden – wie ich mich freue! Aber erzählt: Wo war sie denn?«

Kasperl: »Das, Gretel, lass dir von den Kindern erzählen.«

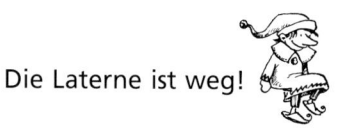

Die Kinder erzählen.

Gretel: »Aber wenn der Räuber noch mal wiederkommt und meine Laterne stehlen will?«

Seppel: »Der kommt nicht wieder. Der weiß jetzt, dass wir gut auf die Laterne aufpassen. Aber jetzt müssen wir uns beeilen, sonst wird es zu spät und wir können nicht mehr Laterne laufen gehen!«

Kasperl: »Also, dann hole ich meine Laterne auch und dann gehen wir zu dritt los.«

Seppel: »Prima, Kasperl. Zu dritt macht's mehr Spaß und wir können auch lauter singen.«

Kasperl: »Das glaube ich auch. Und ihr, Kinder, gebt gut Acht auf eure Laternen, wenn ihr gleich damit unterwegs seid! Ich wünsche euch viel Spaß beim Laternenfest. Tschüs, bis zum nächsten Mal!«

Alle gehen ab.

Monika Meyer

Kasperl hilft dem Nikolaus

Für zwei Personen

Es spielen mit:
Kasperl, Seppel, Hexe, Nikolaus

Requisiten:
Nikolaussack, hängendes Becken

Kulissen:
nicht erforderlich

Inhalt:
Vielleicht braucht der Kasperl eine Brille, denn er verwechselt den Nikolaus mit einem Räuber, der sein Diebesgut in einem Sack verschwinden lassen will. Zu Recht ist der Nikolaus erbost, doch der Kasperl macht den Schaden wieder gut. Als die Hexe den Nikolaussack weghext, holt er ihn wieder zurück.

Kasperl: »Tri, tra, trallala ... Hallo, Kinder! Ist heute nicht ein schöner Tag? Nur noch einmal schlafen – und wisst ihr, was dann für ein Tag ist? Ja, richtig: Nikolaustag! Ich freue mich schon so, ihr auch? Nun gehe ich aber schnell nach Hause. Ich muss nämlich noch meine Schuhe putzen. Und wenn die ganz blitzeblank sind, stelle ich sie vor die Tür. Bevor ich heute Abend ins Bett gehe, singe ich dem Nikolaus ein Lied, damit er auch in unser Haus kommt. Das Lied habe ich schon die ganze Woche geübt. Ihr kennt es bestimmt, es heißt: ›Lasst uns froh und munter sein‹. Dachte ich mir's doch, dass ihr das kennt. Dann können wir es ja alle gemeinsam singen.«

Kasperl und die Kinder singen gemeinsam das Lied.

Kasperl: »Das habt ihr aber schön gesungen, Kinder. Heute Nacht, wenn ich schlafe, kommt sicher der Nikolaus und füllt heimlich die Schuhe mit leckeren Sachen.«

Man hört hinter der Bühne jemanden husten.

Kasperl: »Nanu ... was war denn das für ein Geräusch? (Wieder hört man das Husten.) Das hört sich aber merkwürdig an. Potztausend, Stinkkäse und Pfefferstreuer – das ist sicher der Räuber, der wieder irgendeinen Unsinn macht! Ich werde mich von hinten anschleichen und ihn überrumpeln. Pst, Kinder, nichts verraten!«

Kasperl geht ab. Der Nikolaus kommt, ist nur von hinten zu sehen und brummelt etwas vor sich hin. Kasperl spricht aus dem Hintergrund.

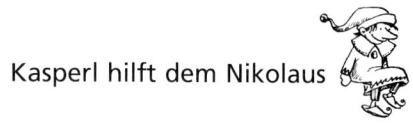

Kasperl: »Was redet der da?«

Nikolaus: »Und noch ein bisschen davon ... und noch ein wenig hiervon ...«

Kasperl: »Aha, ich glaube, ich erwische den Räuber gerade beim Stehlen! Er stopft schon alles in einen Sack! Na, dem werde ich's zeigen.«

Der Kasperl rennt gegen den Nikolaus und dieser fällt um. Jetzt ist auch ein Nikolaussack in der Bühnenecke zu sehen. Kasperl ist nicht weniger erschrocken als der Nikolaus.

Nikolaus jammert: »Hilfe, Hilfe, Überfall!«

Kasperl stottert: »Aber ... aber ... das ist ja gar nicht der Räuber! Das ist ja der Ni-, der Ni-, der Nikolaus!«

Nikolaus: »Oje! Au, aua, mein Rücken!

Kasperl: »Ojemine, Herr Nikolaus. Das wollte ich nicht.«

Nikolaus mit drohender Stimme: »Du Lauselümmel! Schämst du dich nicht, einen alten Mann einfach umzuwerfen?«

Kasperl: »Entschuldigung, Herr Nikolaus. Ich wusste ja nicht ...«

Nikolaus ärgerlich: »Ach, papperlapapp. Mach jetzt, dass du fortkommst, und störe mich nicht bei der Arbeit. Ich habe noch viel zu tun. Bis heute Abend muss alles eingepackt sein.«

Kasperl: »Naja, dann gehe ich eben. Vielleicht kann ich Ihnen ein andermal helfen und alles wieder gutmachen?«

Nikolaus: »Helfen? Du Bengel? Sei froh, dass ich dir nicht den Hintern versohle!«

Kasperl: »Oh! Ich gehe ja schon!«

Nikolaus: »Und das kommt noch in den Sack, und das ...«

Er bleibt weiterhin in einer Ecke der Bühne stehen. Die Hexe kommt.

Hexe: »Hihihihi! Ich bin die Hexe Holterdiepolter. Ich wohne hier im Hexenwald. Wisst ihr, was ich eben gesehen habe? Den Nikolaus! Hier im Hexenwald. Er füllt seinen großen Sack mit Geschenken für die Kinder, aber nur für die, die brav sind. Pah, so etwas Dummes. Brav sein ist doch langweilig. Ich bin lieber frech und ärgere die Leute und verhexe sie. Hihihi! Doch weil ich immer so böse bin, bekomme ich nie etwas vom Nikolaus. Darüber ärgere ich mich sehr. Und deshalb – hihihi – werde ich dem Nikolaus einen Streich spielen und ihm seinen Sack weghexen. Dann werden alle lieben Kinder morgen früh sehr traurig sein, wenn ihre schön geputzten Schuhe leer sind. Hihihi ... Ah, da hinten ist ja der Nikolaus. Ich schleiche mich jetzt von hinten an und sage meinen Hexenspruch: Roter Sack und Huckepack, Äpfel, Nüss' und Mäusespeck, Nikolaussack, du bist weg!«

Schlag auf das hängende Becken, der Sack verschwindet.

Nikolaus: »Nanu? Wo ist denn mein Sack geblieben? Ja, Blitz und Donner, Kinder, wisst ihr, wo mein Sack geblieben ist?«

Die Kinder erzählen. Nikolaus dreht sich um, sieht die Hexe und erschrickt.

Hexe: »Hihihi! Das war ein schöner Streich, was? Die Kinder werden sich morgen früh grün und blau ärgern. Hihihi ...«

Die Hexe geht ab.

Nikolaus: »Ojemine, ojemine! Die armen Kinder. Was mache ich jetzt bloß!«

Kasperl kommt singend.

Kasperl: »Lasst uns froh und munter sein, und uns ... Hallo, Kinder! Da bin ich wieder. Ich bin so neugierig und möchte sooo gern wissen, was für Leckereien der Nikolaus in seinem Sack hat. Ich will nur einmal einen kleinen Blick hineinwerfen. Ob der Nikolaus mir das wohl erlaubt? *(singt weiter)* Lustig, lustig, trallalalala ...«

Nikolaus jammert: »Ojemine, ojemine!«

Kasperl: »Was ist das? Wer jammert denn da so laut? – Was? Die Hexe hat den Nikolaussack weggehext? Ist das auch wahr, Nikolaus?«

Nikolaus: »Ja, die Kinder haben die Wahrheit gesagt. Wo soll ich so schnell neue Geschenke herbekommen? Die Kinder warten doch auf mich!«

Kasperl: »Sei nicht traurig, Nikolaus. Ich habe doch gesagt, wenn ich dir einmal helfen kann, dann helfe ich. Keine Sorge, der Kasperl bringt das schon wieder in Ordnung. Ich hole nur schnell meinen Freund, den Seppel, und dann suchen wir die Hexe.«

Nikolaus: »Ach, du bist doch viel zu klein. Was willst du schon gegen die Hexe ausrichten?«

Kasperl: »Zipperlein und Erbsenknall, der Kasperl, der hilft überall. Bis nachher, lieber Nikolaus.«

Kasperl geht ab.

Nikolaus: »Na, ich weiß nicht. Wenn das mal gut geht!«

Nikolaus geht ab. Kasperl und Seppel kommen, Kasperl hält einen Sack in der Hand.

Seppel: »Ach Kasperl, nun sind wir schon so weit gelaufen. Sind wir nicht bald am Hexenhaus?«

Kasperl: »Doch, Seppel, siehst du's nicht? Da hinten zwischen den Bäumen ist das Haus. Komm, wir schleichen uns an und schauen durchs Fenster.«

Seppel: »Ach Kasperl, ich fürchte mich ja so!«

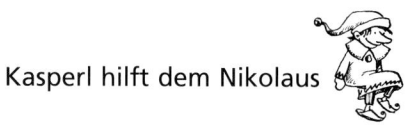

Kasperl: »Jetzt sei kein Feigling, Seppel. Die Kinder sind doch auch bei uns. Nicht wahr, Kinder? Die passen mit uns auf. Und nun komm.«

Kasperl zieht den Seppel mit sich.

Kasperl: »So, jetzt sind wir da. Wir wollen durchs Fenster sehen.«

Seppel: »Ich sehe die Hexe. Sie hat den Nikolaussack aufgemacht. Sie sagt etwas ...«

Man hört nur die Stimme der Hexe.

Hexe: »Hihihi! Was da für leckere Sachen in dem Sack sind: Äpfel, Nüsse, Plätzchen, Schokolade und Marzipan! Hmm ... und alles ist diesmal für mich, hihihi, für mich ganz alleine!«

Kasperl: »Die Hexe will den Nikolaussack ganz für sich allein behalten. Na warte! Wir werden sie überlisten Ich weiß auch schon, wie: Seppel, du kletterst hier auf den Baum und rufst immer: Huhu, huhu. Die Hexe wird neugierig und will wissen, wer draußen ist. Sie wird aus dem Haus kommen. Dann steige ich schnell durch das offene Fenster ins Haus und vertausche die Säcke. Bis die Hexe merkt, dass in dem Sack nur noch Steine sind, sind wir längst über alle Berge – mit dem richtigen Nikolaussack, haha. Also, los geht's.«

Seppel ist nur noch am Rand zu sehen. Von der Hexe ist nur die Stimme zu hören.

Seppel: »Huhu, hallo, du alte Waldhexe. Wo bist du?«

Hexe: »Nanu? Da ruft mich doch jemand?!«

Seppel: »Haaallooo! Hexe Holterdiepolter! Hexe Kolterdiemolter!«

Hexe: »He, wer ruft mich da? Ich heiße Holterdiepolter, merk dir das!«

Seppel: »Hexe Dummeldiegrummel, komm doch mal raus! Du traust dich wohl nicht?«

Hexe: »So eine Unverschämtheit! Na warte, ich komme.«

Seppel: »Hallo, du alte Wetterhexe, Vetterhexe, Meckerhexe ...«

Hexe: »Was? Na warte, wenn ich dich erwische! Ich werde dich in einen Kartoffelkäfer verhexen!«

Seppel: »Hihi, in einen Pantoffelkäfer? Au fein, dann krieche ich in deine Pantoffeln und zwicke dir in den großen Zeh. Hexe Warzennase, Osterhase ...«

Hexe: »Ohhh! Jetzt reicht es aber. Na warte ... (erscheint auf der Bühne) Wo bist du, kleiner Wicht? Ich werde dich zermalmen wie eine Laus!«

Kasperl hinter ihrem Rücken: »Psst! Ganz leise, Kinder. Nichts verraten. Ich vertausche jetzt den Nikolaussack.«

93

Die Kasperlstücke

Kasperl geht ab.

Hexe: »Kinder, sagt mir doch, wo der freche Kerl ist, der mich so geärgert hat. Wo ist er? – Waaas? Ihr wollt es mir nicht sagen? Ihr seid ungezogene Kinder! Dann gehe ich eben wieder ins Haus und hole mir etwas Süßes aus dem Nikolaussack.«

Die Hexe geht ärgerlich ab. Kasperl erscheint mit dem Sack.

Kasperl: »Seppel, komm schnell vom Baum herunter. Ich habe den Sack. Komm, wir laufen schnell.«

Beide gehen ab. Die Hexe kommt schimpfend mit dem anderen Sack wieder.

Hexe: »Oh, Sapperlot, Schweineschmalz und Wanzendreck! Die Leckereien sind weg – und statt dessen lauter Steine! Das waren sicher der Kasperl und der Seppel. So eine Unverschämtheit! Ojemine! Ich arme Hexe. Nun bekomme ich dieses Jahr wieder nichts vom Nikolaus. Was meint ihr, Kinder? Kriege ich wohl nächstes Jahr etwas, wenn ich verspreche, eine ganz, ganz liebe Hexe zu werden? – Hach, aber es ist so furchtbar schwierig, lieb zu sein.«

Die Hexe geht ab. Kasperl und Seppel kommen und singen: Lustig, lustig, trallalala ...

Seppel: »Komm, wir beeilen uns, damit der Nikolaus rechtzeitig seinen Sack wiederbekommt.«

Kasperl: »Und damit die Kinder morgen früh, wenn sie aufwachen, auch alle etwas in ihren Schuhen oder auf ihrem Teller haben.«

Seppel: »Der Nikolaus wird sich bestimmt riesig freuen, dass wir ihm geholfen haben.«

Der Nikolaus kommt.

Nikolaus: »Oh, ist das mein Sack? Habt ihr ihn tatsächlich wiederbekommen?«

Kasperl: »Wir haben die Hexe ausgetrickst. Kinder, erzählt es dem Nikolaus.«

Die Kinder erzählen.

Nikolaus: »Das war aber spannend. Ich bedanke mich herzlich bei euch. Aber nun muss ich mich beeilen, sonst werde ich nicht fertig. Macht's gut, ihr alle, und ich hoffe, dass jeder etwas in seinem Schuh findet.«

Alle gehen ab.

Monika Meyer

Die verschwundenen Weihnachtsplätzchen

Für zwei Personen

Es spielen mit:
Kasperl, Großmutter, Zauberer Rumberzum, Nikolaus

Requisiten:
Seppelfigur (zum Nikolaus umfunktioniert), Teller mit Weihnachtsplätzchen oder Lebkuchen, Zauberstab, Kassette mit leiser Musik

Kulissen:
weihnachtliche Dekoration (einfarbiger Hintergrund, mit Sternen verziert)

Inhalt:
Der Zauberer ärgert sich, weil ihn noch nie jemand zum Nikolausabend eingeladen hat. Kurzerhand zaubert er sich Großmutters Plätzchen herbei, aber so richtig gemütlich wird es trotzdem nicht. Erst als sich der Nikolaus zu ihm verirrt und Kasperl auf der Suche nach den Plätzchen vorbeikommt, erlebt der Zauberer, wie schön die Weihnachtszeit sein kann.

Erster Akt: Beim Kasperl

Kasperl: »Tri, tra, trallala, bald ist der Nikolausabend da. Hallo, Kinder, freut ihr euch auch schon so auf den Nikolausabend? Wollen wir nicht mal zusammen ein Lied singen?«

Kasperl singt mit den Kindern »Lasst uns froh und munter sein«. Großmutter kommt, angelockt von dem schönen Lied, und wiegt sich im Takt.

Großmutter: »Das war aber schön! Ich bin gerade beim Plätzchenbacken, da habe ich euch gehört.«

Kasperl: »Hmm, Plätzchen! Kann ich mal eins versuchen?«

Großmutter: »Na, ein Versucherle kannst du schon haben. Gut, dass der Seppel heute mit der Gretel in der Stadt ist, sonst hätte er wieder nur genascht! Huch, ich glaube, mein letztes Blech verbrennt. Da muss ich schnell in die Küche!«

Großmutter geht ab, aber man hört sie kurz darauf aufschreien. Sie kommt mit einem leeren Teller.

Großmutter: »Die Plätzchen! Kasperl, alle Plätzchen sind weg! Nur die im Backofen sind noch da, und die sind verbrannt! Was mache ich denn jetzt? Heute Abend kommt doch der Nikolaus, und der Gute freut sich immer so über meine Weihnachtsplätzchen. Und ich muss gleich zum Damenkränzchen und habe keine Zeit, neue zu backen! Ach, dann bekommt der Nikolaus gar keine Plätzchen in diesem Jahr.«

Kasperl: »Aber Großmutter, sei nicht traurig. Vielleicht finden wir die Plätzchen wieder. Geh du nur zu deinem Damenkränzchen, ich werde das schon machen.«

Großmutter: »Danke, Kasperl, hoffentlich hast du Glück!«

Großmutter geht ab.

Kasperl: »Kinder, ich bin gleich zurück. Ich muss mich in der Küche umsehen. Vielleicht war der Räuber da! Also bis gleich.«

Kasperl geht ab.

Zweiter Akt: Beim Zauberer Rumberzum

Der Zauberer isst gerade ein Weihnachtsplätzchen.

Zauberer: »Ach, hallo! Wer seid denn ihr? Hmm, das schmeckt so gut. Ich habe noch nie ein Weihnachtsplätzchen probiert. Ich kann nämlich nicht backen, und deshalb habe ich mir einfach ein paar hergezaubert. Die schmecken köstlich! Dass ich noch nicht früher auf den Gedanken gekommen bin! Ich habe das Rezept aus dem Backbuch vorgelesen, dabei einen Zauberspruch gemurmelt, und schwups!, waren die Plätzchen da. Die Großmutter vom Kasperl hat sie gebacken. Man sagt, sie backt die besten Weihnachtsplätzchen der Welt. Das stimmt, hmm! *(versucht ein neues Plätzchen)* Wie bitte? Die Großmutter hat keine Zeit, neue Plätzchen zu backen, und der Nikolaus kommt heute Abend? Zu mir ist er noch nie gekommen. Manchmal habe ich ihn vorbeigehen sehen, durch mein Fenster. Er hat noch nie bei mir Halt gemacht. Aber ich habe eine Idee. Dieses Jahr kommt er bestimmt zu mir.«

Der Zauberer geht ab.

Dritter Akt: Beim Kasperl

Kasperl: »Kinder, das ist vielleicht merkwürdig! Nirgends auch nur eine Spur! Kein

Fußabdruck im Schnee, das Fenster fest verschlossen. Der Seppel ist mit der Gretel in der Stadt, sonst würde ich glatt ihn verdächtigen! – Was sagt ihr da? Der Zauberer hat die Plätzchen? Na, das erklärt natürlich alles. Er hat sie einfach weggezaubert, dieser Halunke. Da mache ich mich gleich mal auf den Weg.«

Kasperl geht ab.

Vierter Akt: Beim Zauberer

Zauberer: »Ah, da seid ihr ja wieder, und da hinten geht der Nikolaus mit seinem Esel und seinem Schlitten. Jetzt wartet mal ab. Ich zaubere ein bisschen, und schon kommt mich der Nikolaus besuchen! *(nimmt schnell seinen Zauberstab)* Hokus, pokus, Rumberzum, Zauber, Zauber, sei nicht dumm! Wehe Wind den Plätzchenduft, weh ihn durch die ganze Luft. Zumber, Rumber, Krokusvase, bis vor des Nikolaus' feine Nase!«

Eine leise Musik ertönt. Kurze Zeit später hört man Schritte, und der Nikolaus kommt.

Nikolaus: »Dieser Duft! Hier riecht es nach den Plätzchen der Großmutter! Schon das ganze Jahr freue ich mich auf sie. Aber ist sie etwa umgezogen? Guten Tag, Kinder, ich bin gerade auf dem Weg zu euch.«

Zauberer: »Nikolaus! Endlich kommst du auch mal zu mir!«

Nikolaus: »Ach, der Zauberer! Ich wusste nicht, dass du hier wohnst.«

Zauberer: »All die Jahre habe ich gehofft, du würdest mich einmal besuchen. Ich weiß, ich war nicht immer artig und habe öfters mal Unfug getrieben, aber ein böser Zauberer bin ich nicht.«

Nikolaus: »Kannst du mir denn auch ein Gedicht aufsagen oder ein Lied vorsingen?«

Zauberer: »Ups! Äh, ja, aber ich muss erst nachdenken. *(zu den Kindern)* Könnt ihr mir nicht helfen?«

Entweder helfen die Kinder und sagen ihm etwas vor, oder sie weigern sich. Da kommt auch schon der Kasperl.

Kasperl: »Das war ja leichter als ich gedacht habe! Ich bin nur dem Duft der Plätzchen gefolgt, und schon war ich in der Burg des Zauberers.«

Zauberer: »Kasperl! Du kommst wie gerufen. Ich soll dem Nikolaus ein Gedicht aufsagen und die Kinder haben mir etwas (nichts) vorgesagt. Kannst du nicht mitsprechen? Ich trau mich nicht alleine.«

Kasperl: »Wie? Ich höre wohl nicht richtig! Erst klaust du unsere Weihnachtsplätzchen, und jetzt soll ich dir auch noch helfen, ein Gedicht aufzusagen?«

Die Kasperlstücke

Nikolaus: »Was höre ich da? Du hast die Plätzchen gestohlen?«

Zauberer: »Ich wollte doch nur mal richtige Weihnachtsplätzchen haben, und dass der Nikolaus zu mir kommt. Das stimmt doch, nicht wahr, Kinder?«

Kasperl: »Aber Großmutter hat sich solche Mühe gemacht! Jetzt sitzt sie traurig bei ihrem Damenkränzchen und zerbricht sich den Kopf, wie sie dem Nikolaus doch noch seine Plätzchen backen könnte.«

Zauberer: »Das tut mir Leid, aber ich habe da eine Idee.«

Nikolaus: »Zuerst das Gedicht!«

Kasperl: »Na, dann wollen wir dem Zauberer mal helfen.«

Alle sagen zusammen ein Nikolausgedicht. Dann holt der Zauberer den Zauberstab.

Zauberer: »Hokus, pokus, Weihnachtsstern, Großmutter, sei nicht weiter fern. Krixel, kraxel, Hollerschmunz, Großmutter, sei hier bei uns!«

Großmutter kommt, sie ist etwas verwirrt: »Nanu? Was ist denn jetzt los. Wo bin ich? Und Kasperl, du bist auch hier? Und der Nikolaus? Und da sind ja auch meine Plätzchen! Wie kommen die denn hierher?«

Zauberer: »Liebe Großmutter, bitte verzeihen Sie mir. Ich habe die Weihnachtsplätzchen hierher gezaubert. Es sind doch die Besten der Welt und ich kann nun mal keine backen. Bitte bleibt doch alle noch ein bisschen bei mir, dann trinken wir heißen Kakao und essen die Plätzchen.«

Großmutter: »Einen heißen Kakao könnte ich nach der Aufregung schon vertragen!«

Zauberer: »Dann sind Sie mir nicht böse?«

Großmutter: »Keine Spur, es freut mich doch, dass meine Plätzchen allen so gut schmecken.«

Nikolaus: »Nun ja, dann mache ich meine Pause dieses Jahr eben beim Zauberer. Ich will nun jedes Jahr bei dir reinschauen.«

Kasperl: »Der Seppel und die Gretel werden sich wundern, wo wir alle sind. Kannst du sie nicht auch herzaubern, Zauberer?«

Zauberer: »Klar! Sehr gerne sogar. Endlich kommt bei mir in der alten Burg etwas Weihnachtsstimmung auf. Das habe ich mir so gewünscht! Denn ganz allein schmecken auch die besten Plätzchen nicht so gut.«

Kasperl: »Bei euch, liebe Kinder, gibt es sicher auch noch ein paar Plätzchen zu essen. Feiert noch schön! Tschüs!«

Alle verabschieden sich, man kann auch zusammen ein Weihnachtslied singen.

Silvia Klimke

Kasperl möchte Winterschlaf halten

Für eine oder zwei Person(en)

Es spielen mit:
Kasperl, Gretel, Igel

Requisiten:
zwei braune Wolldecken, Nüsse, Butterbrote, aufgefädelte Wattebäusche als Schneeflocken

Kulissen:
nicht erforderlich (wer möchte, kann einen Herbstwald zeichnen oder Herbstblätter aufkleben)

Inhalt:
Kasperl hält den Winterschlaf für eine gute Idee und möchte es dem Igel gleichtun. Schnell merkt er aber, dass der Winterschlaf nur Tieren vorbehalten ist.

Kasperl: »Tri, tra, trallala ... Ja, grüßt euch, Kinder! Ich habe euch schon lange nicht mehr gesehen. Seid ihr denn auch alle da? Na, da bin ich aber froh! Ich werde ein bisschen spazieren gehen. Die Sonne scheint so schön. Vielleicht treffe ich ja jemanden.«

Der Kasperl geht spazieren. Er sieht einen Igel, der Nüsse vor sich liegen hat. Kasperl geht auf den Igel zu und dieser rollt sich ein.

Kasperl: »Hallo, Igel! Du siehst ja lustig aus. Wie geht's dir denn so an diesem wunderschönen Tag? Warum versteckst du dich vor mir? Ich will mich doch nur mit dir unterhalten!«

Er fasst den Igel an, sticht sich und schreit laut los.

Kasperl: »Aua, auweh! Was bist du gemein! Ich habe dir doch gar nichts getan! Sagt mal, Kinder, warum igelt der Igel sich ein? – Aha, dann will ich einmal ganz ruhig mit ihm reden: Lieber Igel – vor mir brauchst du keine Angst zu haben! Stimmt's, Kinder? Ich habe noch keinem etwas getan. Ich möchte einfach nur ein bisschen mit dir reden.«

Der Igel rollt sich langsam aus, guckt vorsichtig umher und fängt an zu schnüffeln.

Igel: »Wer bist denn du?«

Kasperl: »Du kennst mich nicht? Kinder, sagt doch mal dem Igel, wer ich bin.«

Igel: »Das ist vielleicht ... (gähnt) ... ein Krach hier. Da hat man ja keine Ruhe mehr. Kasperl, bist du immer so aufgedreht?«

Kasperl: »Ich bin ein fröhlicher Kasperl, deshalb mögen mich die Kinder so. Ich mache gern Späße, helfe aber auch den Menschen, wenn sie mich brauchen. Außerdem spiele ich gerne. Hast du nicht Lust, mit mir zusammen zu spielen?«

Igel: »O nein! Ich habe keine Zeit! Ich muss Nüsse und andere Sachen suchen, damit ich mich vollfressen und den Winterschlaf überstehen kann. Ich bin schon viel zu spät dran!«

Kasperl: »Winterschlaf? Was ist das denn? Kinder, vielleicht könnt ihr mir das erklären!«

Die Kinder erzählen.

Igel: »Die Kinder haben das ganz richtig erklärt. Ich fresse ganz viele Sachen, damit ich eine dicke Fettschicht bekomme. Diese hält mich warm, und deshalb kann ich den ganzen Winter über schlafen.«

Kasperl: »Das ist ja eine tolle Sache! Mir kommt da so eine Idee: Igel, ich werde mit dir Winterschlaf halten. Ich muss nur noch der Großmutter, dem Seppel und der Gretel Bescheid sagen, damit sie sich keine Sorgen machen. Also, Igel, bis gleich.«

Der Kasperl geht singend fort.

Igel: »Ich glaube, Kinder, der Kasperl hat das mit dem Winterschlaf nicht richtig verstanden. Wie soll ich ihm das wohl erklären, dass nur Tiere einen Winterschlaf halten können?«

Kasperl kommt singend wieder, er hat sich ein paar Butterbrote mitgebracht.

Kasperl: »So, Igel – da bin ich wieder! Wie du siehst, habe ich meinen Vorrat auch schon mitgebracht. Doch ich glaube, das reicht nicht. Komm, wir zwei müssen uns auf die Suche machen, damit wir noch etwas finden. Nüsse esse ich nämlich auch sehr gerne.«

Igel: »Aber Kasperl, du bist ein Mensch – du kannst keinen Winterschlaf halten! Nur bestimmte Tiere können das. Dein Körper ist zu groß, um dich in die Erde zu vergraben, und vor allem: Du würdest dort ersticken und dazu noch erfrieren!«

Kasperl: »Komisch, das haben der Seppel, die Gretel und die Großmutter eben auch schon gesagt. Aber ich brauche ja nicht gerade unter der Erde zu schlafen. Ich will das einfach auch mal probieren. Vielleicht bin ich der erste Mensch, der einen Winterschlaf halten kann!«

Igel kopfschüttelnd: »So was habe ich noch nie erlebt! Aber wie du willst! Dann probieren wir es einmal. Zuerst müssen wir jetzt alles, was wir finden, aufessen.«

Sie wandern los, sammeln und essen danach ihre Vorräte.

Kasperl: »Ich kann nichts mehr essen – ich bin sooo satt!«

Igel: »Ich bin gleich fertig mit Essen. Dann ist für mich die Zeit gekommen, den Winterschlaf zu beginnen.«

Kasperl: »Ja, wo schläfst du denn?«

Igel: »Ich habe mir ein Nest aus Blättern und Heu gebaut. Ich rolle mich zusammen und schlafe dann viele Monate.«

Kasperl: »Ich lege mich neben dein Nest, damit du nicht so alleine bist. Ich habe mir eine Wolldecke mitgebracht, denn ohne die ist es sicher zu kalt.«

Beide legen sich hin.

Igel: »Ja, Kasperl, dann wünsche ich dir einen guten Schlaf!«

Kasperl: »Das Gleiche wünsche ich dir auch!«

Beide liegen ganz ruhig da. Man hört eine Zeitlang gar nichts. Dann fängt Kasperl an zu bibbern.

Kasperl: »Oh, ist das kalt hier.«

Der Igel antwortet nicht. Schneeflocken werden aufgehängt.

Kasperl: »O nein, jetzt fängt es auch noch an zu schneien! Da werde ich ja ganz nass! Und überhaupt – es ist langweilig, hier

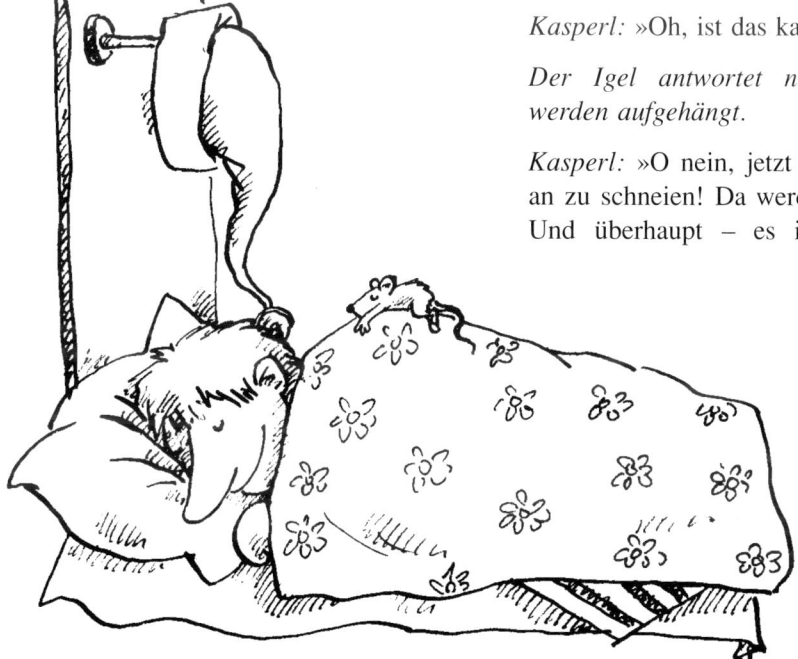

dauernd nur herumzuliegen. Igel, komm, wir unterbrechen den Winterschlaf für 'ne halbe Stunde und spielen Fangen.«

Der Igel antwortet nicht.

Kasperl: »Ich habe solchen Hunger. Vorhin war ich doch so satt! Wie kommt das bloß?«

Die Gretel kommt.

Gretel: »Hallo, Kasperl, darf ich dich mal stören?«

Kasperl: »Ja, das darfst du. Der Igel unterhält sich gar nicht mit mir und ich bin komischerweise überhaupt nicht müde!«

Gretel: »Siehst du – wir haben dir alle gesagt, dass du keinen Winterschlaf halten kannst. Das können eben nur einzelne Tiere.«

Kasperl: »Ja, Kinder, was meint ihr denn dazu? – Ich glaube, ihr habt Recht. Ich gehe wieder mit nach Hause. Dort lege ich mich in die Badewanne und wärme mich erstmal wieder auf. Danach werde ich ein riesengroßes Stück von Großmutters leckerem Kuchen essen. Kinder, was meint ihr: Vielleicht klappt das mit meinem Winterschlaf ja im nächsten Jahr? – Also gut, dann eben nicht! Lasst uns jetzt dem Igel ganz leise tschüs sagen – vielleicht kann er es hören!?«

Gretel nimmt den Kasperl an der Hand.

Gretel: »Komm jetzt! Du wirst noch eine Erkältung kriegen, wenn du weiter hier in der Kälte stehst. Lass uns leise gehen, damit der Igel nicht aufwacht. Tschüs, Kinder, bis zum nächsten Mal! Und kommt alle gut durch den Winter!«

Beide gehen leise ab.

Monika Meyer